REINHILD BRASS

Hörwege entdecken

REINHILD BRASS

Hörwege entdecken

Musikunterricht als Audiopädie

edition zwischentöne

Für Wolfgang Strübing
(1944 – 2005)

Nicht ausbilden sollt ihr,
sondern einhören!

Julius Knierim (1919 – 1999)

Gerhard Beilharz, Forststr. 15
D-73235 Weilheim / Teck
www.edition-zwischentoene.de
Gesamtgestaltung: Walter Schneider, www.schneiderdesign.net
Notensatz: Hans-Georg Jaffke
Herstellung: Druckerei Finidr, Český Těšin
ISBN: 978-3-937518-13-8

Inhalt

Geleitwort

Musik lernen wie Sprechen lernen beginnt mit dem Hören: am Anfang ist das Ohr. Evolutionsbiologisch war es lange eine umstrittene Frage, ob sich das Singen vor dem Sprechen oder das Sprechen vor dem Singen entwickelt habe. Aus neurobiologischer Sicht kann man davon ausgehen, dass Singen und Sagen, Gesang und Sprache wohl aus derselben Wurzel hervorgegangen sind und auch viele neuronale Ressourcen gemeinsam nutzen. So beginnt musikalische Erfahrung mit dem Hören, wodurch sich ein Hör-Vokabular bildet, das dann im Singen und Sprechen entfaltet werden kann. Körper, Atem und Stimme bilden die ersten und wichtigsten Medien des Musizierens und werden über das Hören und Bewegen angeregt. Musikerziehung als Audiopädie stellt hierbei eine interessante und, wie mir scheint, essentielle Variante der Musikerziehung dar. Reinhild Brass hat viele wertvolle Anregungen zur Hörerkundung mit jungen Schülern zusammengetragen, die zusammen mit Stimme und Instrument im Zentrum der erzieherischen Arbeit steht. Denn *das Gehör ist doch eines Musikers ganzer Verstand*, hatte Arnold Schönberg in seiner der Musik neue Dimensionen erschließenden Harmonielehre festgestellt. *Happy New Ears* wünschte John Cage seinen Hörern im Umgang mit dem Neuen. Musikunterricht als Hörerziehung oder ästhetische Wahrnehmungserziehung bildete schon einmal in den 1970er Jahren eine von mehreren konkurrierenden musikdidaktischen Konzeptionen. Wünschen wir also diesem Buch eine aufgeschlossene und begeisterungsfähige Lehrerschaft, damit musikalisches Lernen wieder die Musik in den Mittelpunkt rückt und den Klang und Rhythmus zur Erfahrungsgrundlage vor dem Wissen über Musik macht.

Wilfried Gruhn
Freiburg, im September 2009

Vorwort

Vor Jahren fragte mich eine Kollegin: *Machst du eigentlich Musiktherapie oder Musikpädagogik?* Ich selber hatte mir diese Frage nie gestellt. Für mich gab es zwischen den beiden Bereichen keine Abgrenzung, deshalb antwortete ich ihr: *Ich mache pädagogische Musiktherapie und therapeutische Musikpädagogik.*

Eines Tages las ich einen Bricht über einen neuen Beruf: den des *Visiopädisten.* Aufgabe dieses Berufszweiges ist es, mit Menschen, die über einen längeren Zeitraum die Sehfähigkeit eingebüßt haben, das Sehen neu zu üben. Da kam mir die Erkenntnis: Was ich mache, ist *Audiopädie* – Pädagogik, die sich mit dem Hören (*lat. = audire*) beschäftigt!

Audiopädie ist im weiteren Sinne auch eine Form von Therapie. Das griechische Verb *therapeúein* bedeutet *heilen, pflegen, schützen.* Die Kinder sollen geschützt werden vor den übermäßigen Sinneseindrücken, vor der Flut der auditiven Belastung und davor, sich selbst in der Abwesenheit von Stille zu verlieren. Sie sind allem, was auf ihre Ohren einströmt, hilflos ausgeliefert und suchen oft Rettung im Rückzug. Die bei Kindern und Jugendlichen beliebten *Stöpsel im Ohr* sind auch als Versuch zu verstehen, sich vor der übermächtig eindringenden Umwelt zu schützen. Aber was dann stattdessen auf das Ohr einstürmt, bewirkt nicht nur eine Abschottung des Hörers von der Welt, sondern auch seine Flucht vor sich selbst. Das Bedürfnis nach starken Höreindrücken kann schnell zur Gewohnheit werden, es stumpft das Gehör ab und verhindert die Stille, die wir brauchen, um zu uns selbst zu kommen.

Eine Frage, die mir während meiner Schultätigkeit immer wieder mit Verwunderung gestellt wurde, lautete: *Ach, Sie machen also den Musikunterricht ganz aus dem Hören heraus?* Mich überraschte diese Frage immer von neuem, denn aus was heraus sollte man Musikunterricht denn sonst machen? Aber je mehr ich mich umhörte, desto mehr stellte ich fest, dass tatsächlich das Hören – oder besser das Zuhören – für viele Lehrer nicht das Hauptziel des Musikunterrichts ist. Das erklärt sich teilweise durch die Bedingungen für dieses Fach, die oft äußerst schwierig sind. Angefangen vom Fehlen eines geeigneten Raumes und geeigneter Instrumente bis zu einem Stundenplan, der einen hektischen Raumwechsel und ständiges Neuordnen der Möbel erzwingt, machen die äußeren Bedingungen ein Entwickeln der Hörbereitschaft bei den Kindern zur Schwerstarbeit. Hören wird unter solchen Umständen zur Ausnahme, das Zuhören schwindet aus dem (Schul-)Alltag.

Audiopädie ist die Kunst, hören zu lernen, das Hören anzuregen, zu vertiefen, zu intensivieren. Hören ist die Grundlage jeder Kommunikation, die Voraussetzung für jegliches Lernen. Deshalb ist es meine Überzeugung, dass trotz aller Schwierigkeiten jeder Musikpädagoge ein Audiopäde werden sollte.

Warum ist gerade das Hören so wichtig?

Durch die Forschungen von Alfred Tomatis wissen wir, dass das Ohr das erste Sinnesorgan ist, das schon im fünften Schwangerschaftsmonat voll ausgebildet ist. Durch Berichte von Menschen, die nahtodliche Erlebnisse hatten, erfahren wir andererseits, dass das Hören auch dann noch aktiv ist, wenn im Sterben andere Sinnestätigkeiten bereits eingestellt wurden. Dem tibetischen Totenbuch können wir entnehmen, dass es in vergangenen Zeiten einen Totenkultus gab, der sich *Befreiung durch Hören* nannte (*bardo thodöl*). Bei der Zeremonie erzählte der Priester dem Verstorbenen, was ihn nach dem Tod erwartete, weil man wusste, dass die Fähigkeit des Hörens noch vorhanden war. Es gibt also Hörwahrnehmungen vor der Geburt und nach dem Tod. Damit bildet das Hören wie kein anderes Sinnesorgan eine Brücke in das Leben hinein und wieder hinaus.

Wie aber behandeln wir unsere Ohren – die filigransten und empfindsamsten unserer Sinnesorgane? Jeder fünfte Erwachsene in Deutschland ist hörgeschädigt. Drei Millionen Menschen sind von Tinnitus betroffen, Tendenz steigend, auch Kinder gehören bereits zu den Leidtragenden.

Es wird allerhöchste Zeit, ein Anwalt des Hörens zu werden!

Die in diesem Buch dargestellten Übungen sind in einer über zwanzigjährigen Schultätigkeit mit vielen, vielen Kindern entstanden. Es gab kein

Vorbild für diese Arbeit, nur viele Anregungen durch meine Lehrer aus der Freien Musik Schule. Deshalb hat es lange gedauert, bis der hier beschriebene Weg sichtbar und hörbar werden konnte, um auch für andere begehbar zu sein.

Luigi Nono sagt in seinem Genfer Vortrag *Der Irrtum als Notwendigkeit* (Stenzl 1998, S. 105):

Die Stille.
Hören ist sehr schwierig.
Sehr schwierig in der Stille die Andern zu hören.

Mögen diese Anregungen auf offene Ohren treffen und zu einer neuen Art des Musikunterrichts ermutigen – einem therapeutisch-pädagogischen Musikunterricht aus dem Hören heraus.

Zur Situation

Zu Beginn des 20. Jahrhunderts rief Ellen Key das Jahrhundert des Kindes aus. Wie viel Hoffnungen waren daran geknüpft worden und wie viele werden schon ein Jahrhundert später wieder zunichte gemacht durch die Folgen der Pisa-Studie! Deren Aussage ist, dass unsere Kinder nicht genug in der Schule lernen, also fangen wir früher damit an. Kinder werden mit fünf Jahren eingeschult, die Kindheit wird fast unbemerkt durch die zu frühe Intellektualisierung abgeschafft. Die ausgezeichneten Ergebnisse der Pisa-Studie von Finnland werden zwar wahrgenommen, aber an unserem Schulsystem ändert sich trotzdem nichts. Investitionen in den Kleinkindbereich – das ist das Erfolgsrezept der Finnen – da, wo die Förderung große Veränderungen bewirkt, werden nicht vorgenommen. Stattdessen gibt es in dem Bereich der Oberstufe kleine Klassen; in diesem Alter könnten größere Gruppen aber, klassenübergreifend geführt, das Erlernen einer selbständigen Arbeitshaltung ermöglichen!

Zum Glück gibt es einige Vorreiter, die auch innerhalb fest gefügter Strukturen nachweisen, dass das Aufbrechen alter Formen nicht notgedrungen zur Anarchie führen muss, sondern Lehrern und Schülern wieder die Lust am Lernen ermöglicht. Der Journalist Reinhold Kahl zeigt in seinen Filmen begeisternde Beispiele von heutigen Reformschulen und auch Kindergärten. Ist nicht das gefürchtete Burn-out-Syndrom, unter dem zunehmend Lehrer und Schüler leiden, ein Zeichen dafür, dass etwas sich verändern muss?

Die Kinder werden heute sehr viel früher selbständig als in anderen Jahrhunderten (ob beabsichtigt oder nicht), und sie suchen nach festen Beziehungen, durch die eine Atmosphäre der Sicherheit entsteht und in der Lernlust aufblühen kann. Kinder wollen lernen, aber sie finden nicht immer die Bedingungen vor, unter denen sie sich in den ersten Lebensjahren so entwickeln können, dass ihre Körpersinne gesund zur Entfaltung kommen. Vieles muss heute in der Schule nachgeholt werden, was früher als Voraussetzung galt, um überhaupt in die Schule aufgenommen zu werden.

Einen bedeutenden Anteil an einer gesunden frühkindlichen Entwicklung hat der gesamte Bereich der Bewegung. Dieser ist heute oft entweder durch zu viel Sport schon zu stark ausgeprägt, so dass die Kinder in ihrer ganzen Muskulatur hart geworden sind – oder die Kinder bewegen sich zu wenig und wirken häufig wie gelähmt, weil die Muskulatur erschlafft ist. Das Balancieren, die Schulung des Gleichgewichtssinnes, wird kaum noch geübt, der Tastsinn ist oft nur wenig entwickelt, die Kräfte sind häufig so schwach, dass die Kinder sehr schnell ermüden.

Und in dieser Situation sollen ausgerechnet aus dem Musikunterricht Hoffnungen kommen?

Ich möchte zur Beantwortung dieser Frage ganz persönlich aus den Erfahrungen, die ich an der Widar Schule Wattenscheid über mehr als zwanzig Jahre hinweg gemacht habe, berichten und Menschen, die neue Impulse aufgreifen möchten, darin ermutigen.

Denn meine Erfahrung ist: Veränderung ist möglich!

Voraussetzungen für das Musizieren

«Ich kann nicht singen!»

Vielleicht ist für manche Leser der Begriff *Musikunterricht* schon mit so vielen negativen Erlebnissen aus der eigenen Schulzeit belegt, dass sie diese Erinnerung lieber gar nicht mehr wecken möchten. Gibt es überhaupt positive Empfindungen zu einer – wie auch immer gearteten – Begegnung mit Musik in der Kindheit? Leider ist es oft so, dass viele sich an diesen Unterricht nur als etwas *Schreckliches* erinnern.

Im Vorwort zu Tobin Harts lesenswertem Buch *Die spirituelle Welt der Kinder* beschreibt J.Ch. Pearce, dass er den Forschungen des britischen Ethnologen Nicholas Blurton-Jones einen wichtigen Hinweis verdankt: *Er stellte fest, dass Kleinkinder in allen Kulturen der Welt bei der ersten Begegnung mit einem unbekannten Gegenstand oder Ereignis stehen bleiben und darauf zeigen. Anschließend wenden sie sich um, um zu prüfen, wie ihre Beziehungsperson oder die Eltern darauf reagieren. Ehe sie den unbekannten Gegenstand anfassen, mit der direkten sinnlichen Erforschung fortfahren und so eine entsprechende «Wissensstruktur» aufbauen, wird ein prüfender Blick auf die Eltern geworfen – nicht nur, um zu sehen, ob die Beschäftigung mit dieser Sache ungefährlich ist, sondern auch, um festzustellen, ob die Eltern das Ereignis kennen und billigen* (in: Hart 2007).

Pearce beschreibt weiter, dass die Reaktion der Eltern entscheidend dafür ist – und dabei ist es nicht wichtig, ob die Reaktion laut ist, sie kann auch unauffällig oder sogar unterbewusst erfolgen – ob das Kind seine Erforschungen des Neu-Entdeckten weiter fortsetzt oder nicht. Wichtig ist, dass das Kind erlebt: Die Eltern kennen das Phänomen. Dann, so haben die Forscher entdeckt, geschehe eine entsprechende neuronale Verknüpfung im kindlichen Gehirn. Das heißt aber auch, dass die Aufmerksamkeit der Erwachsenen gegenüber den Entdeckungen des Kindes darüber entscheidet, ob sich die Welt des Kindes positiv erweitert oder nicht.

Diese Ausführungen von Pearce halfen mir, ein Phänomen besser zu verstehen, das mir während meiner Schultätigkeit oft begegnete: Ich suchte unter den Eltern der Kinder immer wieder nach Menschen, die Lust hatten im Chor mit zu singen. Oft kam mir da der Einwand entgegen, schon der Musiklehrer habe früher gesagt, der- oder diejenige könne nicht singen und solle lieber still sein. Interessanterweise kamen diese Einwände überwiegend von Männern – vielleicht liegt hier einer der Gründe, warum für die Chöre die Suche nach Männerstimmen immer schwerer wird. (Auch die Problematik des Stimmbruchs spielt hier sicherlich eine Rolle). Aber manchmal kamen die Bedenken auch von Frauen. Besonders an eine Mutter erinnere ich mich, die mir erzählte, sie habe nie die Bedeutung der Handbewegungen verstanden, die der Lehrer beim Singen vor der Klasse gemacht habe. Die Einteilung in *hoch* und *tief* kam ihr lange Zeit ganz unsinnig vor. Die Töne waren doch alle *um sie herum*, warum sollte man sie abstrakt unterscheiden? Vom Lehrer wurde sie ausgelacht, als sie noch als Jugendliche dieses Unverständnis zeigte.

Die Lust am Singen hatte ein Erwachsener ihr durch eine falsche Reaktion genommen, aber die Sehnsucht danach blieb.

Unverständnis und zum Teil tiefe Verletzungen haben viele Menschen als Kinder in Bezug auf die Musik erleben müssen. Schon die Einteilung in *musikalische* und *unmusikalische* Schüler ist eine Grausamkeit, die man bestrafen müsste!

Nicht nur im Umkreis der Schule, sondern auch im Gespräch mit Lehramt-Studenten kommt mir Resignation entgegen, die sich auf das Singen und den Intrumentalbereich bezieht. Überall leben negative Kindheitserfahrungen stark nach. Viel Ermutigung und viel Zeit sind nötig, um sich diesen oft tief verschlossenen Erlebnissen zu nähern, sie anzuschauen und die daraus resultierenden Verhaltensmuster aufzulösen.

Innere und äußere Bedingungen

In jedem Menschen lebt ein Musiker. Oft bleibt er unerkannt im Verborgenen, manchmal ist er krank oder verkümmert, im schlimmsten Falle tief verschüttet. Die Musik aber stellt die Verbindung dar zwischen dem Ich (der Persönlichkeit) des Menschen und seiner Seele. Bildlich gesehen ist das Ich der Spieler und die Seele das Instrument. Zerbricht das Instrument, wird es verstimmt oder verschmutzt, so kann ihm der Spieler keinen Ton mehr entlocken, kann sich nicht mehr durch sein Instrument ausdrücken. Auch aus anderen Gründen kann das Zusammenspiel zwischen Spieler und Instrument unterbrochen sein, etwa weil der Spieler träge, stumpf oder hoffnungslos geworden ist und keinen Gebrauch mehr von seinem Ausdrucksmittel macht.

Damit das Kind seine angeborene Musikalität als etwas Positives erleben und ausbilden kann, braucht es das Miterleben der Erwachsenen als Grundlage für seine eigenen Erfahrungen und Entdeckungen. Miterleben bedeutet: sich Zeit nehmen, zuhören, alle Äußerungen des Kindes in Bezug auf Klingendes und Tönendes ernst nehmen. Es reicht nicht, den Sohn oder die Tochter zur Musiksschule zu fahren und wieder abzuholen. Aufgeschlossenheit gegenüber den musikalischen Fähigkeiten des Kindes bezieht sich zwar auch auf die ersten Versuche beim Vorspiel auf dem Instrument – vor allem aber auf alle klanglichen Erlebnisse im alltäglichen Leben. Das Zuhören der Erwachsenen, das Staunen und die Begeisterung für die ersten Erfahrungen des Kindes auf diesem Gebiet sind Voraussetzungen für dessen Vertrauen in den eigenen *inneren Musiker*.

Aber auch äußere musikalische Anregungen dürfen nicht fehlen:

Die musikalische Begabungsforschung hat gezeigt, dass jeder Mensch mit einem bestimmten Begabungs- (d.h. Lern)potential geboren wird, das bei der Geburt am größten ist und danach abnimmt, wenn es nicht durch Umweltreize und informelle Lernangebote (Hörangebote) immer wieder angeregt wird. Denn das Gehirn bedarf zu seiner Entwicklung von außen kommender Reizeinflüsse und wird so zum Spiegel aller gemachten Erfahrungen. Ohne musikalische Anregungen können sich keine musikalischen Repräsentationen bilden! Schon das kleine Kind zeigt ein vitales, natürliches Bedürfnis nach rhythmisiertem Klang und nutzt Musik als elementares Ausdrucks – und Kommunikationsmittel (Gruhn 2008, S. 225).

Spiel mit Streichleiern

Als ich einmal in der Schule auf einer großen Streich-Leier spielte und einen Schüler aufforderte, sich dazu zu bewegen, fragte er, ob er sich nach der Musik bewegen solle oder so, wie er es selber wolle. Diese Frage zeigte mir, dass der Junge die verschiedenen Schichten des Hörens kannte und diese sogar von einander trennen konnte – eine großartige Leistung für ein neunjähriges Kind! Hätte ich über diese Frage gelacht, so hätte der Junge sich wahrscheinlich gar nicht mehr zu Musik bewegen wollen.

Wenn wir konzentriert zuhören, befinden wir uns seelisch in einem vollkommen geöffneten Zustand. Wir sind ganz hingegeben. In diesem Zustand sind wir in gewisser Weise wehrlos und ausgeliefert gegenüber dem, was uns von außen entgegen gebracht wird. Stoßen wir jetzt auf Unverständnis oder Kritik, so verschließen wir uns. Die Gefühle eines Kindes werden in dieser Situation tief verletzt und können später nur mit Mühe wieder geheilt werden.

Wer heute Musik unterrichten will, muss sich der Tatsache bewusst sein, dass unsere Umweltbedingungen dazu geeignet sind, den Musiker in jungen Menschen verkümmern zu lassen. Überflutung durch Lärm und Schall, Lähmung durch die in der Überlieferung erstarrten musikalischen Werke, Verstummen durch die grob und unsensibel gewordene eigene Seele – all diese Erscheinungen unserer Zeit werfen Fragen auf nach einem neuen Verständnis der Pädagogik überhaupt und des Musikunterrichtes im Besonderen.

Veraltet scheint mir die Auffassung zu sein, dass es *die* Musik gibt, die – in welcher Form auch immer – an die Kinder herangebracht werden muss, damit sie musikalisch gebildet werden. Es ist heute notwendig, sozusagen das innere Ohr an jedes Kind zu legen, um auf die Musik *im* Kinde zu hören. Dieses Hören ist oft schwer, weil die vom Lehrer als vorhanden angesehene Musik die oftmals ganz andersartige, ganz eigenartige, vielleicht sogar befremdliche, in den Kindern verborgene Musik verdeckt. Aber wenn man mit der Erwartung an das Musizieren mit Kindern herangeht, dass mit diesem Musizieren ein neues, ernst zu nehmendes Geschehen in die Gegenwart strömt, wird man merken, dass eine Musik erklingen kann, die es noch nie gegeben hat.

Daraus wird die große Aufgabe des Musiklehrers deutlich, den Musiker im Kind zu erkennen, ihn in all seiner Originalität willkommen zu heißen und seinen Schöpfer-Reichtum mit all den anderen originellen Musikern, die sich in einer Schulklasse eingefunden haben, leben zu lassen.

Musik und Bewegung

Norbert Visser schreibt in seinen Ausführungen mit dem Titel *Das 20. Jahrhundert und die Zukunft unserer Musik* über die Entwicklung des Hörens im Laufe der Jahrhunderte und wie sie an der Architektur abgelesen werden kann:

Die alte Form (bis zum Übergang von der Gotik zur Renaissance) war wie ein Hören aus der Peripherie heraus. Die moderne Form (bis zum Beginn des 20. Jahrhunderts) war wie ein Hören aus einem Zentrum, von dem aus der Sänger oder der Instrumentalist hörbar ist. Die zukünftige Form ist wie ein Hören in Bewegung, und zwar so, als ob die Töne sich aus mehreren Raumesrichtungen zu manifestieren scheinen, mit Beibehaltung der Wahrnehmung aus dem Zentrum heraus; es ist dabei nicht die Rede von einer physischen Tonbewegung, aber von einer Bewegung aus einer eigenen Wahrnehmung (Visser o.J., S. 55).

Bei der visuellen Wahrnehmung gibt es viele verschiedene *Seh-Räume*; je nachdem, worauf die Betrachter ihre Aufmerksamkeit richten, nehmen sie Unterschiedliches wahr, obwohl sie sich physisch im selben Raum befinden. Im Gegensatz dazu erzeugt man beim Musizieren einen *Hör-Raum*. In diesem *Raum* kann nicht jeder zur gleichen Zeit seine eigene Musik machen. Die Musik ist eine Kunst, in der ganz andere Ordnungskräfte walten als in der Malerei oder beim plastischen Gestalten. Beim Malen oder Plastizieren kann man gelegentlich auch einmal ein Gemeinschaftswerk erstellen, aber in der Regel kann doch jeder beim Malen ganz für sich sein, sein eigenes Tempo bestimmen, seine eigenen Farben wählen. Beim Musizieren in einer größeren Gruppe aber benötigt man ein gemeinsames Thema, einen gemeinsamen Zeitpunkt, zu dem alle beginnen und enden – und man braucht auch jemanden, der allen zuhört und korrigieren kann, wenn es darauf ankommt. Das deutet auf die eminent wichtige Komponente des Sozialen in der Musik: Nur wenn alle im gemeinsamen Hör-Raum bleiben, ist auch individuelles Zuhören möglich. Diese Möglichkeit zu eröffnen und über eine gewisse Zeit zu erhalten ist die Aufgabe des Erwachsenen, der mit Kindern arbeitet, und zwar zu Hause ebenso wie im Kindergarten und in der Schule.

Immer, wenn *gehört* oder *gehorcht* werden soll, muss zuerst eine *Horch*-Stimmung da sein. Das Wort *gehorchen* hat, besonders in Deutschland, einen unangenehmen Beigeschmack: Es erinnert an dunkle Zeiten wie die des Nationalsozialismus oder der DDR. Ursprünglich aber hatte es einen durchaus positiven Charakter: Das Kind möchte dem Erwachsenen aufmerksam zuhören, auf ihn *horchen* und ihm folgen, weil es davon überzeugt ist, dass der Erwachsenen nur das Beste will. Wenn man das Wort von seiner historischen, politischen Dimension befreit und es in diesem Sinne im Unterricht anwendet, dann wird man entdecken, *dass diese Arbeit (das Musizieren) identisch ist mit der Freude des Schöpferischen, dem wir gehorchen: denn* hören *und* gehorchen *sind nicht nur etymologisch vom gleichen Stamm* (Zender 1991).

Neben dem Hören ist die Bewegung *die* Grundlage, auf der man mit Kindern im Musikunterricht arbeiten und ins schöpferische Tun finden kann. Hören ist im Grunde nichts anderes als eine Metamorphose der Bewegung. Das Kind ist, wenn es gesund ist, ständig in Bewegung und kann, anders als der Erwachsene, dabei alles aufnehmen, was in seiner Umgebung geschieht. Das Kind lebt ganz in der Außenwelt und verfügt noch nicht über einen eigenen seelischen Innenraum.

Es ahmt die Erwachsenen auch in ihrer seelischen Beschaffenheit nach, und erst mit acht oder neun Jahren bildet es langsam einen eigenen Seelenraum. Von da an wird die äußere Bewegung immer mehr zu einer inneren. Diese innere Bewegung führt zu einer Begegnung des Kindes mit sich selbst und wird maßgeblich durch die musikalische Erziehung angeregt und gefördert. Je mehr musikalische Erfahrungen unter Einbeziehung des Körpers gemacht werden können, auf desto mehr kann die Seele später zurückgreifen (siehe hierzu auch Gruhn 2008). So kann das Hören wachsen bzw. sich vertiefen, wenn Kinder sich in den ersten neun oder zehn Lebensjahren viel bewegt haben – und zwar nach musikalischen Klängen. Das Spielen im Wald oder auf der Straße stellt in heutiger Zeit schon eine gute Voraussetzung für das hörende Bewegen (bzw. das bewegende Hören) dar, ist allein aber nicht ausreichend.

Das Kind in den ersten sieben, acht Lebensjahren lebt noch ganz in den Sinnesorganen. Jeder Sinnesreiz strömt in das Kind ein, ohne dass es ihm etwas entgegen setzen kann. Der Mensch in diesem Alter gibt sich jedem Eindruck, der auf ihn einströmt, vollkommen hin.

Tobin Hart (2007, S. 55) beschreibt diese Hingabefähigkeit am Beispiel eines achtjährigen Kindes:

Ein Vater befand sich mit seiner Tochter an einem ruhigen Strand. Er beobachtete, wie die Kleine ins Meer ging. Sie stand bis zur Taille im Wasser und schwankte mit den Wellen vor und zurück. *Zehn oder fünfzehn Minuten vergingen und Mark hatte den Eindruck, dass ihre Augen geschlossen waren. Während dreißig Minuten später schwankte sie noch an derselben Stelle in der sanften Brandung. Nach einer Stunde stellte Mark fest, dass er ebenfalls schwankte, während er sie vom Strand aus beobachtete. Es war, als sei sie in Trance. Er wollte sich versichern, dass es ihr gut ging, fragte sich: «Ist das eine Art Anfall? Ist sie ordentlich eingecremt?», konnte sich aber beherrschen.*

Es dauerte fast eineinhalb Stunden, bis sie aus dem Wasser kam – strahlend und friedlich. Wortlos setzte sie sich neben Mark. Ein paar Minuten später fragte er vorsichtig, was sie da gemacht habe. «Ich war das Wasser», sagte sie leise. «Du warst das Wasser?» wiederholte er. Sie antwortete: «Ja, das war phantastisch. Ich war das Wasser. Ich liebe es und es liebt mich. Ich weiß nicht, wie ich es sonst erklären soll.» Sie saßen schweigend nebeneinander, bis Miranda ein paar Minuten später aufsprang und im Sand spielte.

Das Kind nimmt das Gehörte mit seinem ganzen Sein, mit seinem ganzen Körper auf – es *hört* mit dem ganzen Leib. Wer hat nicht schon einmal ein Kleinkind beobachtet, das von Lärm erschreckt wurde? Das kann zum Beispiel geschehen, wenn die Mutter oder der Vater mit dem Kinderwagen an der roten Ampel steht und der aufbrausende Lärm das Kind auf seiner Augen- bzw. Ohren-Höhe trifft. Dann wird unwillkürlich der ganze Leib geschüttelt, das brutale Geräusch dringt unmittelbar in den Körper ein. Je öfter ein Kind in seinem jungen Leben solche oder ähnliche Erfahrungen erleiden muss, desto eher nimmt es innerlich eine Schutzhaltung ein und verschließt sich gegenüber allen akustischen Eindrücken. Leider nimmt es sich damit auch die Möglichkeit, die tönende Welt wahrzunehmen.

Alles Zuhören bedarf eines offenen Ohres. Ob die eigenen Ohren offen sind, entscheidet jeder für sich, aber für das Kind muss der Erwachsene die Verantwortung übernehmen. Wenn man ein Kleinkind lauten Geräuschen aussetzt, kann es sich nicht dagegen wehren, es kann sich als Säugling noch nicht einmal die Ohren zuhalten! Da kann man wirklich von Gewaltanwendung sprechen!

Als Unterrichtender oder als Eltern hat man die Aufgabe, das Kind in seinem Hörverhalten gut kennen zu lernen und ihm immer wieder Gelegenheiten zu schaffen, bei denen es in fördernder Weise genügend Hörwahrnehmungen mit seinem ganzen Körper haben kann. Das bedingt unter Umständen auch eine Veränderung der eigenen akustischen Gewohnheiten (z.B. laute Hintergrund-Musik). Erziehung ist eben auch immer Selbsterziehung – so unbequem das für uns Erwachsene auch sein mag.

Ed Hardy

Ausbildung des Gehörs

Die Stimme als Spiegel des Gehörs

In seinem Buch *Der Klang des Lebens* spricht Alfred Tomatis (1987) in Bezug auf das Singen von einem *Gesetz*: Man kann nur singen, was man hört. Das heißt: der Kehlkopf kann nur den Frequenzbereich umfassen, auf den auch das Ohr reagiert. Je mehr das Spektrum des Hörens sich erweitert, desto mehr kann die Stimme antworten – sie ist ein Spiegel des Gehörs. Diese Parallele ist häufig unmittelbar zu erleben, z.B. wenn ein Kind, das nur schwer zuhören kann, eine raue Stimme hat. Über zwanzig Jahre habe ich die Aufnahmegespräche für die Einschulung mit begleitet und konnte solche Kinder über viele Jahre beobachten. Es ist auf pädagogischem Feld schwer, Beweise aufzuzeigen, sicher wirken sehr viele Komponenten zusammen. Und doch veränderten sich manche Stimmen überraschend. Die Hörschulung und das viele Singen hatten in jedem Fall eine positive Auswirkung. Daraus ergeben sich Konsequenzen für den Erzieher oder Lehrer:

Oberstes Gebot bei der Anregung einer musikalischen Entwicklung ist, die unbegrenzten klanglichen Möglichkeiten zu nutzen, die der Alltag uns bietet. Geben wir den Kindern viele Gelegenheiten, sich zu bewegen und eine Vielfalt von Geräusch- und Klangerlebnissen zu haben, dann trainieren wir das Gehör und gleichzeitig die Stimme. Jede Sinnestätigkeit kann entwickelt werden, also auch das Hören.

Die Welt, in der das Kind aufwächst, bietet ihm eine Fülle von Geräuschen und Klängen, die es allmählich mit der Welt vertraut machen. Zunächst verhält es sich passiv diesen Eindrücken gegenüber. Sobald der Erwachsene entdeckt, dass das Kind dieses Übungsfeld bewusst ergreifen will, sollte er dessen Entdeckerlust nach Kräften anregen und erweitern. Die menschliche Fähigkeit, Geräusche zu erkennen, kennt kaum Grenzen: So kann das aufmerksame Ohr sehr wohl unterscheiden, ob warmes oder kaltes Wasser in ein Gefäß gefüllt wird und wie die Form des Gefäßes beschaffen ist; hat es einen langen dünnen Hals oder einen runden Bauch, ist es weit geöffnet oder schmal nach oben geschlossen? Schäle ich gerade eine Kartoffel oder einen Apfel, eine Birne oder eine Banane? Wie klingt langsam sich erwärmendes Wasser, bis es schließlich kocht? Höre ich, wenn das Wasser in die Badewanne läuft, ob sie schon voll oder erst der Boden bedeckt ist? All das können wir hören und unsere Aufmerksamkeit im Alltag daran trainieren.

Ratespiele, bei denen durch das Geräusch der Gegenstand hörbar wird, wecken große Lust, nach Gegenständen zu suchen, die als Grundlage für ein Spiel dienen können.

Im Klassenraum kann *Geräuscheraten* gespielt werden: Ähnlich wie das Spiel *Ich sehe was, was du nicht siehst*, das im Sehraum gespielt wird, heißt es nun für den Hörraum: *Ich höre was, was du schon kennst, und das klingt so:* ... (Hier muss das Geräusch erklingen und der Gegenstand erraten werden.) Geräuscheraten schafft sofort Stille im Raum, jeder lauscht aufmerksam. Der größte Gewinn bei diesem Spiel ist jedoch die erweckte Neugierde und Lust, hörend durch die Welt zu streifen.

Bei Herbstspaziergängen, wenn der Wind durch die langsam trocken werdenden Blätter fährt, geht es darum bei geschlossenen Augen zu erkennen, welcher Baum hier gerade durchweht wird. Kann man die Eiche von der Pappel, den Ahorn von der Birke unterscheiden?

Im Hören gibt es keine Grenzen, die Grenzen liegen nur in unserem Bewusstsein. Um das Bewusstsein aufzuschließen, besitzen wir sogar einen Schlüssel. Der liegt oft unerkannt in einem nicht beachteten Kästchen. Aber wenn wir ihn herausholen, so erweist er sich als das Instrument, das das Bewusstsein immer weiter und weiter öffnen kann. Dieser Schlüssel ist unsere Aufmerksamkeit – wir können sie grenzenlos steigern. Es ist für jeden Lernenden ein ungeheures Glücksgefühl, zu erleben, dass es in diesem Bereich keine Grenzen gibt. Das ist doch das höchste Ziel einer jeden Schule, dass die Kinder sie später mit der Einstellung verlassen: das Lernen geht nicht mit der Schulzeit zu Ende, sondern man lernt immer weiter und weiter. Wenn wir Kindern durch einen Musikunterricht, in dem *Hörlust* im Mittelpunkt steht, diese Botschaft vermitteln können, dann haben wir viel erreicht.

Musikunterricht als Quelle der Inspiration

Eine Abbildung auf einer griechischen Vase zeigt einen Pädagogen, der hinter einem Kind hergeht. Mit Hilfe einer Lampe, die an einer langen Stange hängt, erleuchtet er seinem Schützling den Weg, den dieser im Begriff ist zu gehen. Hinter dem Kind schreitend, steht der Lehrer ihm nicht im Weg, sondern gibt ihm von hinten Schutz und hilft ihm, die richtigen Schritte zu tun.

Der Begriff *Pädagogik* stammt ab von den griechischen Worten *pais* = Knabe, Kind und *agein* = führen. Der Pädagoge hat die Aufgabe, das Kind so zu führen, dass es seinen eigenen Weg ins Leben findet. Er bereitet die Welt für den jungen Menschen so vor, dass dieser aus dem Angebot das aufnehmen kann, was ihm zuträglich ist – wohl wissend, dass es noch viel mehr Dinge auf der Erde gibt, die das Kind zu einem späteren Zeitpunkt kennen lernen soll.

In meinem Rücken atmet die Welt, so könnte man die Worte der Lyrikerin Rose Ausländer auf den Pädagogen anwenden, wenn er das Kind sicher durch die vielen Eindrücke leitet, denen es ausgesetzt ist.

Das Bild des *Kindesführers* ist geeignet, einen Paradigmenwechsel in der Pädagogik einzuleiten. Der Pädagoge ist hier nicht derjenige, der das Kind mit den von ihm ausgewählten Inhalten füttert, sondern das Kind nimmt auf seinem Weg das auf, was es selbst entdeckt und was ihm in der jeweiligen Situation gut tut. Das stärkt die Entdeckerlust und verhindert Überdruss. Hier zeigt sich ein tiefes Verständnis der Griechen für das Geheimnis des Lernens. Kinder lernen das, worauf die Erwachsenen das Licht werfen!

Dies gilt aber auch für die Erwachsenen selbst. Das *Kind* in uns ahnt, dass Hören kein passiver Vorgang ist. Für alles, was von außen auf uns einströmt, ist jeder selbst verantwortlich, das *Ich* des Menschen soll *Herr im Hause* sein. Man muss dazu allerdings Einfluss auf die äußeren Bedingungen nehmen, in denen man sich aufhält. Für den jungen Menschen, dessen Ich-Kräfte noch nicht stark genug dafür sind, muss der Lehrer und Erzieher dies übernehmen. Darin besteht die schwierige, aber auch begeisternde Aufgabe des Pädagogen.

Wenn das Hören auf die Bedürfnisse der Kinder wieder die Führungsrolle in der Erziehung übernehmen könnte, würde eine Erfrischung und

Bereicherung in der ganzen Pädagogik entstehen. Es müsste ein intensiviertes, immer bewussteres Zuhören werden, das immer neue Räume erschließt, sowohl für den Pädagogen als auch für das Kind. Durch ein langsames *Einhören* in jeden musikalischen Prozess, in jedes Kind, in jede neue Situation, entwickelt sich auch beim Unterrichtenden eine neue Fähigkeit. Dann entdecken wir das bis dahin noch *Unerhörte*, das noch nie Gehörte, das Neue. Dann können wir wirklich von Inspiration im Musikunterricht sprechen.

Julius Knierim, Musiker und Heilpädagoge, betonte immer wieder, dass in der Pädagogik nicht von Ausbildung, sondern von *Einhörung* gesprochen werden sollte.

Der Erzieher als Zuhörender

Das Hören ist der Weg zur Selbst- und Welterkenntnis – sowohl für das Kind als auch für den Lehrer. Der erste Schritt auf diesem Weg muss vom Erzieher geleistet werden, der sich selbst die Fragen stellt: *Wie kann es mir gelingen, das Kind in seiner ganzen Komplexität und Tiefe zu verstehen? Wie kann ich die tiefen Bewusstseinsströmungen der jungen Menschen wahrnehmen und fördern, statt sie zu verschütten? Wie kann ich es schaffen, im Schulalltag den Kindern wirklich zuzuhören?*

Diese Fragen können manchen verstummen lassen, der sich beklagt, dass unsere Kinder heute nicht mehr richtig zuhören können. Wirft diese Tatsache nicht viel eher ein Licht auf das Verhalten von uns Erwachsenen?

Amerikanische Untersuchungen haben ergeben, dass im Schnitt einem Kind am Tage noch zehn Minuten zugehört wird. Das sollte uns alarmieren und die Schule zu einem Ort des Zuhörens umgestalten lassen. Wirkliches Zuhören aber bedeutet Erkennen, nicht nur oberflächliches, akustisches Hören:

Die Vernachlässigung unseres Ohres führt … zu einer Entwertung unseres Gehörsinns, ja, sie fordert uns dazu auf, zu hören, ohne zuzuhören (Barenboim 2008, S. 32).

Im Zentrum des Musikunterrichtes steht also das Hören. *Hören im Musikunterricht? Das ist doch eine Tautologie!*, könnte eingewendet werden. Aber wie viele Beispiele von Musikunterricht gibt es, in denen das Hören absolut nicht im Mittelpunkt steht! Stattdessen geht es um das Abspielen nach Noten, den Drill, das Funktionieren, das Organisieren, die Unlust oder gar das Chaos.

Deshalb war es mir bei meiner Schultätigkeit immer ein Anliegen, den Kindern möglichst viele und vielfältige Klangerfahrungen zu ermöglichen. Dabei entwickelte ich geradezu eine Leidenschaft, die Sammlung unserer Instrumente unentwegt zu erweitern. Das begeisterte auch die Kinder, sie sammelten und bastelten die originellsten Klangerzeuger. So brachte einmal ein Kind zwei Kronenkorken, die an zwei Bindfäden befestigt waren, und zeigte seine *Zimbeln* vor.

Reduziert man dagegen das Klangerleben auf das Klavier oder die Flöte, so ist es nicht leicht, die Kinder über die Schulzeit hin zu begeisterten und zu neugierigen Hörern werden zu lassen.

Fragen nach Disziplin stellen sich dann nicht mehr. Kinder wollen lernen und Kinder wollen zuhören. Wir können sie höchstens durch einen falschen Ansatz daran hindern.

Die Fragen des Musikunterrichtes sind Fragen des Schullebens und des Lebens allgemein, aber vom Musikunterricht sollte der Funke überspringen, denn wenn da das Hören nicht gelernt wird, wo soll es dann gelernt werden?

Wer als Erzieher diesen Weg beschreiten will, der wählt nicht den schnellen Erfolg. Der Weg des Hörens geht über das Vertrauen, das So-Sein-Dürfen, das Fehler-Machen-Dürfen, das Üben in Freude, das eigene Entdecken, das Ermutigen, das Zeit-Lassen, die Spielfreude und immer wieder über Geduld und Humor. Er führt nicht gleich zu Brillanz und Perfektion, aber dafür zur Entdeckung des Eigenen, zum Anerkennen der Einzigartigkeit eines jeden Schülers, zur Wertschätzung einer jeden Eigenart. Das gelingt aber nur, wenn der Erzieher lernt, ein Zuhörender zu werden.

Wecken der Musikalität

Gott machte eine Statue aus Ton nach seinem Bilde. Er wollte, dass die Seele in diese Statue eingehe. Aber die Seele wollte nicht gefangen sein. Denn es liegt in ihrer Natur, dass sie fliegend ist und frei. Sie will nicht begrenzt und gebunden sein. Der Körper ist ein Gefängnis, und die Seele wollte dieses Gefängnis nicht betreten. Da bat Gott seine Engel, Musik zu spielen. Und als die Engel spielten, wurde die Seele ekstatisch bewegt. Sie wollte die Musik noch klarer und unmittelbarer erfahren und deshalb betrat sie den Körper.

Hafiz, einer der großen Poeten des alten Persiens, fügt dieser Legende hinzu: *Die Menschen sagen, dass die Seele, als sie dieses Lied hörte, den Körper betrat. Aber in Wirklichkeit war die Seele selbst das Lied* (Berendt 2000).

Wenn das Kind in die Schule kommt, hat es schon viele Hörerfahrungen hinter sich. Diese können positiv gewesen sein – *Was gibt es nicht alles zu erforschen in dieser schönen Welt!* – oder auch negativ – *Mir hört ja doch keiner zu!* Mit dem ganzen Spektrum von Neugierde bis Resignation hat der Lehrer es zu tun, der nun die Musikalität der Schüler fördern will.

Wie kann er herausfinden, von welcher Art die Kinder jeweils sind? Ganz sicher nicht durch einen Hörtest. Das akustische Ohr wird bei den meisten vollkommen intakt sein. Das musikalische Ohr bzw. die seelische Seite des Hörens gilt es zu erkunden und kennen zu lernen, und das ist sehr viel komplizierter. Auch wird der Musiklehrer nur selten die Gründe erfahren, aus denen manche Ohren sich früh vor der Welt verschlossen haben. Und trotzdem ist es seine Aufgabe zu erreichen, dass das Kind wieder Vertrauen in die Welt der Erwachsenen fassen und sich mehr und mehr öffnen kann, indem es *seine* Hörwege entdecken darf. Denn das Öffnen der Ohren und zugleich das Wecken der Musikalität ist die Hauptaufgabe des Musikunterrichtes.

Dass hier unter *Musikalität* nicht das Hersagen von musiktheoretischen Fakten oder ein Auf- und Abspielen von Tonleitern verstanden werden soll, dürfte bereits deutlich geworden sein. Was aber bedeutet dieser Begriff dann?

Musikalität bezeichnet komplexe Vorgänge im Menschen, die sich am ehesten bildhaft beschreiben lassen. Dazu gehört die Fähigkeit, sich in Prozesse *einzuschwingen*, Dynamiken mit zu erleben, seine Seele in größter Vielfalt auf dem *Klavier des Lebens* spielen zu lassen. Musikalität ist das Schwingen der Seele selber. Diese schwingt in den ersten Jahren noch ganz frei, aber je älter das Kind wird, desto mehr lernt es durch die Musik seine Seele in ihren Gesetzmäßigkeiten kennen und führen. Das Nachfühlen der Höhen und Tiefen in Dur und Moll kann in einem bestimmten Alter z.B. zum Wieder-Erkennen der eigenen Seelenzustände werden. Die Musik ist der Spiegel der Seele. Das ist nicht nur eine schöne Metapher, sondern ganz real zu erleben. Durch sie soll die Seele auf der Erde in Resonanz zu sich selbst treten. Das Hören bildet die Brücke, die Seele und Musik verbindet.

Wie kann diese Brücke gebaut und erhalten werden? Sie ist nicht aus Stein oder Holz errichtet, sondern aus Aufmerksamkeit – lebendig und flüchtig, und muss immer wieder neu errichtet werden. Der Lehrer hat die Aufgabe, diese ständige Neubildung zu beobachten, zu pflegen und zu schützen.

Wie hörst du? lautet die erste und ständig präsente innere Frage des Lehrers an jedes Kind – die er aber nicht laut stellt und auf die er selbstverständlich keine direkte Antwort erwartet. Nur durch intensive Beobachtung kann er auf etwas stoßen, wodurch er sich dieser Frage mit viel Taktgefühl nähern kann.

Wenn man Kinder sich im Raum nach verschiedenen Klängen bewegen lässt, kann man beobachten, dass ihre Art sich zu bewegen, sehr unterschiedlich ausfällt. Die einen setzen ihre Füße sehr vorsichtig auf, so flüchtig, als wollten sie die Erde gar nicht betreten, die anderen schlurfen, die nächsten treten schwer auf, als kämen sie kaum wieder hoch, manche stampfen mit der Ferse so hart auf, als wollten sie den Boden durchtreten. Eine Fülle von Beobachtungen ist möglich.

Nach vielen Jahren des Fragens, Zweifelns, aber auch des freudigen Entdeckens erkannte ich immer deutlicher: Es besteht ein direkter Zusammenhang zwischen der Bewegung der Füße und der Art des Hörens. Das war schon äußerlich daran zu bemerken, dass es sofort still im Raum wurde, wenn man die Aufmerksamkeit auf die Füße lenkte.

Hörerziehung ist Bewegungserziehung, Bewegungserziehung ist Hörerziehung.

Diese Tatsache kann der Musiklehrer sich zunutze machen. Im Laufe meiner Schultätigkeit entwickelte ich auf dieser Basis für die verschiedenen Klassen einen Übungskanon. Mit Hilfe dieses methodischen Weges konnte durch Hör- und Bewegungsübungen die Musikalität der Kinder aus ihren manchmal sehr verborgenen Tiefen ans Licht gebracht werden. Manchmal dauerte es tatsächlich Jahre, bis es einem Kind gelang, sich zu öffnen und sich dem zu Hörenden hinzugeben. Die Brücke zwischen Seele und Musik konnte dann zunächst noch keine Lasten tragen, aber sie war begehbar. In solchen Fällen bedarf es wahrer Geistesgegenwart des Lehrers, um zu merken, dass die Brücke entstanden ist. Danach kann sie immer weiter ausgebaut werden.

In den folgenden Kapiteln sollen Übungen für den Unterricht vorgestellt werden, vor allem aus dem improvisatorischen Bereich. An diesen Übungen kann am besten geschildert werden, welche Haltung und Offenheit gegenüber den Kindern wichtig ist, um ihre Musikalität zum Blühen zu bringen. Es ist mir bewusst, dass diese Darstellung einseitig wirken muss. Aber um gewisse Aspekte deutlich werden zu lassen, muss man auch verzichten können. Durch die Beschreibung des Noten-Lernens wird ersichtlich, dass die Kinder mit der Notenschrift umgehen können, natürlich wurde sie auch angewendet.

In der Widar Schule war das Feiern der Jahresfeste ein wesentlicher Bestandteil des Schullebens. Selbstverständlich wurden zu allen Jahres- und Festzeiten auch entsprechende Lieder gesungen und Musik gespielt. Ich gehe davon aus, dass ich diesen Teil des Musikunterrichtes nicht beschreiben muss. Im Unterricht habe ich mich immer bemüht, ein Gleichgewicht zwischen komponiertem und freiem Anteil herzustellen. Indem der Unterricht in Epochen gegeben werden konnte, war vieles mehr möglich, als in Einzelstunden. Vor allem für die Kinder, für die eine musikalische Arbeit nicht selbstverständlich war, war die tägliche Arbeit über drei bis vier Wochen eine phantastische Möglichkeit, ihre Fähigkeiten zur Entfaltung zu bringen.

Vor jedem der folgenden Kapitel steht ein Lied. Dieses Lied habe ich mit meiner Klasse in dem jeweiligen Jahr zu Beginn des Unterrichtes gesungen. Es gibt die Stimmung der Klassenstufe auf eindrückliche Weise wieder und möge zur musikalischen Einstimmung dienen.

ÜBUNGEN ZU DEN KLASSENSTUFEN

Rein wie das feinste Gold

Text: Angelus Silesius
Musik: Reinhild Brass

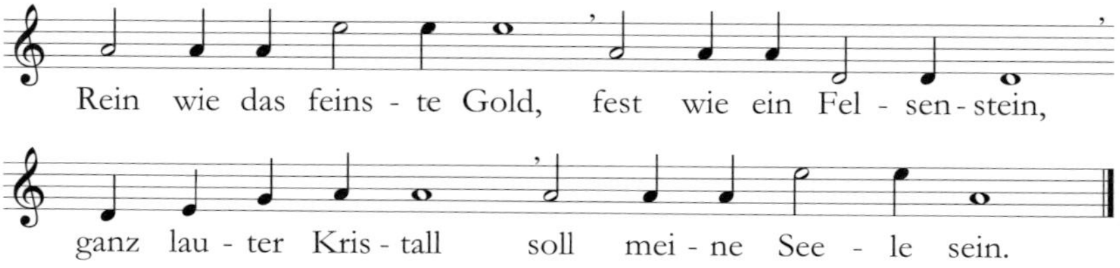

Klasse 1

Die Frage nach dem Urbild

Viele Jahre hindurch beschäftigte mich die Frage, was in der jeweiligen Klassenstufe das Wichtigste – sozusagen das Urbild dessen – ist, was die Kinder im Musikunterricht lernen sollen. Ist es das gemeinsame Singen, das ein Wir-Gefühl bewirkt, also die soziale Komponente, oder ist es die Tatsache, dass ein Kind etwas allein vorsingt oder vorspielt, also die Stärke des aufkeimenden Selbstbewusstseins? Ist es die Stille oder die Begeisterung, die durch Musik entsteht – worauf kommt es eigentlich an? Was ist das Zentrum dessen, was die Kinder berühren soll, woran sie aufwachen können? Für jeden Unterricht, den man gibt, ist das eine Frage, die man in sich bewegen sollte.

Für die erste Unterrichtsstunde der Erstklässler in der Waldorfschule gibt es die Anregung von Rudolf Steiner, den Kindern zwei Urprinzipien der Formkräfte, die wir überall wieder finden, zum Erlebnis zu bringen: nämlich die *Gebogene* und die *Gerade.* Ob dies für die Kinder zu einem bleibenden Eindruck wird, hängt von der inneren Kraft des Lehrers ab, mit der er diese Prinzipien als Wahrheit für sich selber wirklich entdeckt hat. Nur mit Hilfe starker Meditationskraft gelingt es ihm, diese Urbilder so lebendig werden zu lassen, dass sie zur Keimkraft für späteres Erkennen werden können. Der Lehrer muss den Keim einer Wahrheit so in sich eingepflanzt haben, dass er in seiner Seele aufgegangen ist, geblüht hat und als Frucht neue Keime hervorbringt, die wiederum in der kindlichen Seele aufgehen können.

So hat es auch bei mir viele Jahre gedauert, bis das Urbild für die erste Musikstunde entstand:

Der hörende Mensch, der sich hörend bewegt und wieder still wird, wenn das Hören zu Ende ist.

Die Aufgabe des Zuhörers bleibt im Verborgenen, aber ohne ihn wäre das Bild nicht vollständig. Das Zuhören hat eine unmittelbare Wirkung auf den Spieler. Meistens richten wir die Aufmerksamkeit nur auf den Spieler und vernachlässigen die Bedeutung des Zuhörers. Dessen Aufgabe ist aber keine passive. Je aktiver er in seinem Hören ist, desto besser können die Spieler sein!

Das konnte ich einmal in einer Leierstunde erleben, die ich als Studentin bei Julius Knierim hatte, einem Meister im Zuhören. Nie zuvor hatte ich das Erlebnis, im Unterricht mehr zu können als zu Hause. Früher war es immer umgekehrt gewesen.

Zuhören ist eine schöpferische Tätigkeit. In dem unsichtbaren Zwischenbereich zwischen Spieler und Hörer entwickelt sich der Klang.

Die nachfolgende Übung wurde zur Umsetzung des Urbildes:

Übung zum bewegten Hören

Acht bis zehn Kinder bekommen einen Klangstab in die Hand, entweder aus Bronze oder aus Eisen. Die Kinder bekommen vom Lehrer ihren Platz im Raum zugewiesen, ohne feste geometrische Grundordnung. Dann geht er so leise wie möglich zwischen den Kindern hindurch und berührt den ersten Stab mit seinem Schlegel. Das Kind, dessen Stab klingt, setzt sich in Bewegung und wandert mit ebenso leisen Füßen zwischen den anderen Kindern hindurch, so lange wie sein Stab klingt. An der Stelle, an der es nicht mehr klingt, bleibt das Kind stehen. Dann geht der Lehrer zum nächsten Kind, spielt den nächsten Stab an und so fort. Alles geht ohne Hast. Indem alle zuhören und zuschauen, wird jedem seine eigene Zeit gegeben.

Der Lehrer hat wunderbare Gelegenheiten, an jedem Kind in Ruhe Beobachtungen zu machen und sich z.B. zu fragen: Mit welchem Ohr hört es? Weiß er, welches das bevorzugte Ohr ist? Das ist wichtig, damit der Lehrer z.B. weiß, von welcher Seite er ein Kind ansprechen muss (vgl. Tomatis 1998). Oder man sieht, ob das Kind seine Füße sorgfältig auf den Boden setzt und dabei dem Klang seines Stabes folgt oder ob es *harthörig* ist und seine Füße unsensibel durch den Raum stampfen usw. Alle üben dabei das Zuhören und lernen, dass man dafür Zeit braucht – wirkliches Hören oder Lauschen dauert immer länger als Sehen!

Junge mit Bronze-Klangstab

Alle Übungen für die 1. Klasse zeichnen sich dadurch aus, dass die Kinder ihren eigenen Körper und ihr Klanginstrument in Resonanz bringen sollen. Und jedes Mal, wenn es einem Kind gelingt, seine Füße fast unhörbar werden zu lassen, kann man bemerken, dass das Hören intensiver wird.

Spätestens seit Tomatis (1987) wissen wir, dass das Ohr zwar unerlässlich ist für die Hörwahrnehmung, dass aber 80% der Hörwahrnehmungen über den gesamten Körper geschieht. Das gibt gehörlosen Menschen die

Möglichkeit, über Vibrationen des eigenen Körpers Hörwahrnehmungen zu haben. Um die Füße in diesem Sinne zu sensibilisieren ist es am besten, wenn die Kinder bei den Übungen keine Schuhe tragen, sondern Strümpfe oder leichte Gymnastikschuhe, so dass ein wirklicher Kontakt mit dem Boden entstehen kann.

In dem Film *Touch the sound* von Evelyn Glennie gibt es am Schluss eine Szene, in der die Musikerin, die seit ihrem achten Lebensjahr an zunehmender Taubheit leidet, Marimbaphon spielt. Zum Glück verweilt die Kamera dabei lange auf ihren Füßen. Man kann am Spiel ihrer Zehen fast die Musik hören!

Auch Emmanuelle Laborit, gehörlos geboren, beschreibt in ihrer Autobiographie *Der Schrei der Möwe*, wie sie Musik erlebt: *Als Kind hatte ich das Glück, die Musik zu haben … Ich liebe sie. Ich spüre ihre Schwingungen. Ich spüre es mit den Füßen, im ganzen Körper, wenn ich auf der Erde liege … Über meinen Körper nehme ich die Musik auf … Die Musik ist eine Sprache jenseits der Worte, sie ist universell. Sie ist die schönste Kunst, die es gibt, sie schafft es, den menschlichen Körper in Schwingung zu versetzen* (Laborit 1999).

Nur wir Hörenden überhören diese Wahrnehmungen in uns. Aber wenn wir uns nur ein wenig dafür öffnen, den Körper als Wahrnehmungsorgan gerade für Musikalisches mit einzubeziehen, eröffnen sich neue Horizonte. Im Sommer können wir die Gelegenheit ergreifen, barfuß auf einer Wiese oder über Kies zu laufen, damit die Füße stärker gefühlt werden. Alles, was wir als Kinder früher gemacht haben und was heute in der Stadt nicht mehr möglich ist, muss wieder in das Programm einer Schule aufgenommen werden; besonders alles, wodurch die Körpersinne – der Vitalsinn, der Eigenbewegungssinn, der Tastsinn und der Gleichgewichtssinn – geübt werden (vgl. auch Auer 2007).

Nach den intensiven Hörübungen ist es wichtig, sich mit den Kindern intensiv zu bewegen, in der ersten (und auch noch in der zweiten) Klasse bieten sich kleine Reigen oder Tänze an.

Übung zum Kreis

Auf folgende Weise entstand ein Kreis, ohne dass lange gerangelt wurde:

Um die Kinder in einem Kreis aufzustellen, hatte ich einen gestrickten Ball, an den ich kleine Glöckchen genäht hatte. Dieser Ball klingelt immer, wenn er geworfen wird. Die Verabredung hieß: *Jeder, dem der Ball zugeworfen wird, erhebt sich von seinem Platz und stellt sich in den Kreis!*

Dabei stand ich in der Mitte und konnte durch die Art des Zuwerfens das Tempo steuern. Wenn es den Kindern gelang, den Ball zu fangen, entstand durch den gleichmäßigen Wurfrhythmus ein Schwingen, was eine phantastische Vorbereitung für das Tanzen war. Dann konnte der Tanz beginnen.

Der Kreis eignet sich für verschiedene Spiele. So konnte ich mit dem Ball verschiedene *Muster* werfen: jedem zweiten Kind, oder zu jedem dritten Kind und wieder eins zurück – immer erklangen andere Rhythmen dazu, und die Aufmerksamkeit der Kinder blieb beim Klang.

Da ich während meiner Zeit als Musiklehrerin meistens ganze Klassen von ungefähr 38 bis 41 Kindern zu unterrichten hatte, hatte ich lange Zeit die Frage: Wie bewege ich die Kinder so, dass es sinnvoll ist, nicht zum Chaos führt, und noch einen musikalischen *Lerneffekt* mit sich bringt? Mehrere Bedingungen mussten gleichzeitig geschaffen werden. Oft beneidete ich die Eurythmiekollegen, die es schafften, viele Kinder gleichzeitig geordnet zu bewegen. Von ihnen kam schließlich auch der entscheidende Hinweis:

In den ersten Jahren sollen in der Eurythmie u.a. geometrische Formen geübt werden. Die Kinder sollen Vierecke, Dreiecke, Fünfecke etc. ablaufen, in allen Richtungen und Variationen. Diese ordnungsgebenden Formen geben den Kindern auf geheimnisvolle Weise eine Struktur, die mich immer staunen ließ. Ich möchte noch einmal betonen, dass es lange Jahre der Suche und der Versuche bedurfte, bis mir das Licht aufging: Diese geometrischen Formen können auch in der Musik eine grundlegende Struktur bilden! Wir hatten schon lange die Klang- und Bewegungsinstrumente aus der Schmiede von Manfred Bleffert, nun endlich sollte die Verbindung zwischen dem Klang der Instrumente und der dazu gehörigen Bewegung deutlich werden.

Die Kinder konnten nun die Spur eines Vierecks oder Dreiecks ablaufen, aber nicht nach gesprochenen Texten, sondern mit den Klanginstrumenten, das machte Sinn! Jetzt kam Bewegung in den Unterricht! Auf diese Weise konnte die Möglichkeit entstehen, dass wenige Kinder sich bewegten, alle anderen in gespannter Erwartung zuschauten und vor allem zuhörten. Im Raum lebte geordneter Klang, der zu vollkommener Ruhe führte, und zwar bei allen vierzig Kindern.

(Glücklicherweise hatte ich die meiste Zeit über einen Raum zur Verfügung, in dem wir uns gut bewegen konnten. Stühle, die viel Lärm machten, wurden durch einfache Bänke ersetzt, auf denen etwa vier Kinder sitzen konnten. Nach einiger Zeit gab es auch einen Teppich, so dass man sich ohne Schuhe bewegen konnte, ohne kalt zu werden.)

Geschah es, dass ein Kind sich nicht in die Übungen hineinfinden konnte, so half es meistens, wenn es eine besondere Aufgabe zugesprochen bekam, zum Beispiel auf mein Zeichen hin eine sehr große Triangel (eine Seitenlänge etwa 30 cm) zu spielen. Wenn dieses Kind auch noch erhöht stehen konnte, konnte es alles aus neuer Perspektive wahrnehmen. Eine große Hilfe war es immer, wenn die Kinder auf der Bank standen, so dass sie das Geschehen von oben mit ansehen konnten. Saßen sie auf der Bank und die sich bewegenden Kinder waren vor ihnen, fiel es ihnen nicht leicht, das Ganze zu überblicken. Nicht aussondern, sondern eingliedern war immer die Devise. Aussondern wird immer als Demütigung und Entwürdigung empfunden, die Verletzungen nach sich ziehen, die, wenn es zu oft geschieht, nicht leicht zu heilen sind.

Nun bewegten sich die Kinder, und das Chaos blieb aus – die Ordnungskräfte der Geometrie wurden wirksam. So konnten allmählich die Klanggruppen, die sich bewegten, erweitert werden, so dass manchmal 15 Kinder im Raum liefen, ohne dass dies zu Unordnung oder Unklarheit geführt hätte. Jedes Kind kannte seinen Platz, die Sicherheit war durch die Form gegeben.

Übung zum Viereck

1. Vier Kinder werden der Reihe nach auf die vier Ecken eines gedachten Vierecks gerufen. Manchmal reicht es auch, zwei Kinder auf ihre vorgegebenen Plätze zu stellen und zu fragen, wer die beiden anderen Ecken des Vierecks *sehe*? Da ist jedes Kind in der Lage, die fehlenden Plätze zu bezeichnen.
   Den Kindern werden Instrumente gegeben, zum Beispiel ein Paar Zimbeln.
2. Die Kinder sollen heraushören, welche der Zimbeln die höchste oder tiefste ist. Hier ist es interessant zu beobachten, ob die Kinder hoch und tief überhaupt schon unterscheiden können.

3. Das Kind, welches z.B. die höchste Zimbel hat, darf beginnen zu laufen, z.B. nach rechts zum nächsten Platz, (während es seine Zimbel spielt). Aber es beginnt erst sich zu bewegen, wenn ein Klangimpuls von außen erklingt, der von einem anderen Instrument, z. B. von einem Gong mit dem Ton d´, ertönt. Dieser Impuls kommt vom Lehrer und wird vorher vereinbart. Er kommt von hinten, erklingt im Rücken. Hier ist der erste Moment des echten *Ge-Horchens*: Die Bewegung beginnt erst, wenn das Kind den verabredeten Klang hört. Immer wenn dieser Klang ertönt, beginnt das Kind, das zuerst gelaufen ist, seinen Weg von neuem. Jeder Einsatz ist eine Entscheidung, die der Erwachsene übernimmt.
4. Das Kind, zu dessen Platz das erste Kind gelaufen ist, darf den Weg weiter nach rechts fortsetzen, das erste Kind bleibt an dem nun frei gewordenen Platz stehen.
5. So wandert jedes Kind einen Platz weiter, bis alle einmal einen Platz weiter sind.
6. Bevor die nächste Runde beginnt, ertönt nun wieder das Instrument, das den Anfangsimpuls gegeben hat, das erste Kind bewegt sich mit seinem Klanginstrument auf den nächsten Platz.
7. Es folgen mehrere Runden, bis der Klang nicht mehr durch Stocken oder Stolpern gestört wird, sondern es eine fließende Bewegung wird.
8. Da die Zimbeln gestimmt sind, erklingt durch das viermalige Anspielen eine kleine Melodie. Nach vier Tönen erklingt immer der Impulsklang zu Beginn einer neuen Runde. Die Bewegung beginnt zu atmen.

Variante 1

Ein zweiter Gong (a') wird als neuer Impulsklang gespielt. Der Spieler mit der tiefsten Zimbel beginnt sich nach links zu bewegen, die anderen folgen. Beim Erklingen des tieferen Gongs (d`) beginnt die höchste Zimbel nach rechts, beim höheren Gong die tiefste Zimbel nach links zu wandern. Die Bewegung beginnt zu schwingen.

Die Geometrie ist ein Gebiet mit unendlicher Vielfalt – das gilt natürlich auch bei diesen Übungen. Je nach Temperament der Kinder und Stimmung der Klasse kann die Bewegungsspur variieren: z.B. kann ein Kind statt von einem Platz zum nächsten auch eine ganze Runde laufen. Oder alle vier Kinder bewegen sich gleichzeitig in die gleiche Richtung. Oder

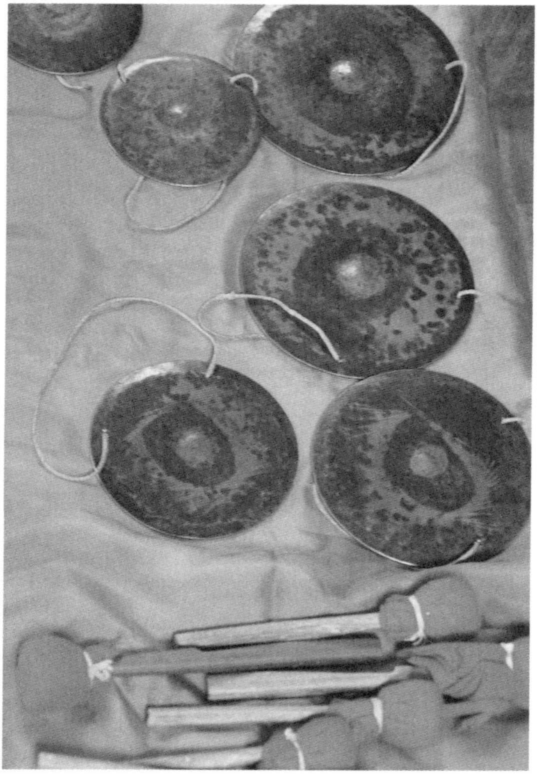

Kleine Bronzegongs (Schmiede Manfred Bleffert)

alle kommen in der Mitte zusammen, oder die diagonal Gegenüberstehen tauschen die Plätze. Wichtig hierbei ist es, dass für jede neue Bewegungsrichtung ein neuer Impulsklang verabredet wird. Es geht um Hören und Folgen.

Der Zimbel nachlauschend

Variante 2

Hinter jedem der vier Spieler steht ein so genannter *Platzhalter*.

Diese *Platzhalter* bekommen auch ein Instrument. Wenn die ersten Kinder Metallinstrumente haben, sollte diese neue Gruppe einen anderen Klang spielen, deshalb bekommt jedes *Platzhalter-Kind* zwei kleine Klanghölzer. Hat die erste Gruppe ihre Übung befriedigend durchgeführt, darf sie sich auf den Boden setzen. Die zweite Gruppe darf nun, während möglicherweise die Flöte dazu spielt, mit den Hölzchen klingend frei durch den Raum laufen und auf ihren Platz zurückkehren, wenn die Flöte aufhört zu spielen. Achtung: die Aufmerksamkeit liegt immer bei den leisen Füßen! Seinen Platz sich zu merken, die Füße leise zu setzen, dabei die Klanghölzer zu spielen, auf die am Boden sitzenden vier anderen zu achten: das ist eine anspruchsvolle Aufgabe.

In der ersten Klasse reichen diese *einfachen* Formen. Für die nächsten Klassen werden neue Formverwandlungen beschrieben. Aber es sollte nicht nur beim Viereck bleiben. Das Dreieck bildet ganz neue Aspekte. Schön ist es, wenn man viele verschiedene Klanginstrumente zur Verfügung hat. Auch einfache Steine sind eine angenehme Klangvariante im Instrumentarium, am schönsten klingen die so genannten Flintsteine (die Ostseestrände bieten noch viele davon). Die Kinder können auch Steine in ihrer Umgebung suchen.

Übung zum Dreieck

1. Der Lehrer stellt das erste Kind auf seinen Platz und fragt, wer die beiden anderen Stellen des Dreiecks findet. Meistens melden sich sofort die ersten Kinder. Wenn die drei Plätze mit den Spielern besetzt sind, bekommen sie z.B. jeder einen dünnen, hängenden Bronzestab. Der Impulsklang kann dieses Mal z.B. von einer Bordunleier kommen. Hören die Kinder den Klang, so gehen sie vorsichtig mit ihrem Stab in die Mitte und lassen die Stäbe zart aneinander klingen. Die Stäbe sollen nicht hart gegeneinander geschlagen werden (es ist ratsam, die Bewegung vorzumachen). Wird der Stab von oben in die Mitte geführt, so klingen sie hell zusammen, fast wie Glas. Haben die Stäbe sich berührt, so geht jedes Kind wieder auf seinen Platz.

Die Art, wie die Bordunleier nun gespielt wird, zeigt den Kindern an, in welcher Weise sie sich bewegen sollen. Der Klang wird nun in Bewegung übersetzt. Jetzt kann man die Tempi variieren. Die Kinder können mal langsam, mal schneller werdend eine Folge von dynamisch sich steigernden und wieder fallenden Bewegungsspuren laufen. Haben sich für die drei Spieler auch drei Platzhalter gefunden, so gehen die ersten drei Kinder, nachdem sie ihre Stäbe haben klingen lassen, nicht mehr auf ihren eigenen Platz zurück, sondern einen Platz weiter, z.B. nach links. Dann sieht die ganze Bewegung aus wie ein Tanz.

Übung zum Dreieck – mit drei Klangstäben

2. Klingt nun eine anders gestimmte Bordunleier, so heißt die Verabredung: Das Dreieck *tanzt* nach rechts. Ein Klassenhelfer oder ein Kind spielt die andere Bordunleier. Der Wechsel kann regelmäßig oder unregelmäßig erfolgen. Zum Beispiel dreimal nach links, dreimal nach rechts oder aber auch einmal rechts und viermal links oder zweimal links und dreimal rechts, ganz frei. Dabei muss jedes Kind sich auf sein Gehör verlassen. Das ist ein richtiges Training, dem Ohr mehr und mehr Vertrauen zu schenken.

Die Übungen können so lange wiederholt werden, bis der Atem, der in der Übung leben kann und sollte, für alle erlebbar wird. Das äußert sich durch eine Stille, die nur von Aufmerksamkeit belebt wird. Achtung: keine Ungeduld am Anfang, man kann diese Prozesse nicht erzwingen, sie können sich nur einstellen! Manchmal gelingt es auch nicht, dann ist es

Bewegung mit Holz-Windspielen

besser, man lässt los und versucht es in einer nächsten Stunde noch einmal.

Bei diesen Übungen ist das Wichtigste, auf die Bewegung des Kindes zu achten. Es hat keinen Sinn, dem Kind zu sagen: *Hör doch mal hin!* Es ist besser zu sagen: *Bewege deine Füße so leise, dass keiner etwas hört!* Das kann jedes Kind verstehen. Das umzusetzen ist die Aufgabe, an der so lange geübt werden kann, bis die Füße nicht mehr zu hören sind. Da kann man die gesamte Klasse einbeziehen und den Kindern die Höraufgabe geben, darauf zu achten, ob sie noch etwas anderes als den Klang der Instrumente hören. Manchmal sind die Klassenkameraden zu streng, dann muss der Lehrer helfen zu erkennen, dass im Augenblick beim besten Willen nicht mehr zu erreichen ist und weiteres Üben auf die nächste Stunde verschoben werden muss.

Während jedes Kind seinen Weg geht – fast möchte ich sagen: *fliegt* oder *schwebt*, indem es seine Bewegungen ganz vom Klang leiten lässt – ist es die Aufgabe des Erwachsenen, gut zu beobachten, wie das Kind sich mit dem Klang verbindet, ob die Bewegung und der selbst erzeugte Klang eines sind, ob Klang und Bewegung zusammenkommen. Hier kann man sehr gut beobachten, wie der Körper des Kindes selbst zum Instrument wird. Im Gegensatz zum Erwachsenen, der ein distanziertes Verhältnis zu seiner Physis eingehen kann, kann das kleine Kind dies noch nicht. Das Kind und sein Instrument sind eins, das Kind *ist* das Instrument.

Bei allen oben beschriebenen Übungen ist zu beachten, dass die Füße sich leise, ja fast unhörbar bewegen. Der Erwachsene gibt den Anfangsimpuls, und erzeugt in sich den kurzen Augenblick der Stille, *bevor* der Klang ertönt. Er kann diesen Moment so stark werden lassen, dass die Kinder ihn auch erleben. Jeder Dirigent erzeugt diesen Augenblick, wenn er den Stab hebt. Dieses kleine Einatmen ist der wichtigste Moment – in ihm erleben die Kinder das Hören des Erwachsenen. Da können sie nachahmen und eintauchen. Wenn der Lehrer das über all die Jahre nie vergisst, dann entsteht daraus eine gute Gewohnheit. Dieses *Vorhören*, die Spannung, die darin entsteht und von allen erlebt wird, ist eine Voraussetzung, um das Hören zu intensivieren.

Im ersten Kapitel war die Rede davon, dass das kleine Kind seinen ganzen Leib als Sinnesorgan benutzt. Um nun auszudrücken, wie beim heranwachsenden Kind der Körper zum Instrument wird, muss ein neuer Begriff geschaffen werden: Das Kind macht *Leibesmusik*.

Noch in den ersten Schuljahren können die Kinder ganz, d.h. eben mit dem ganzen Körper, in die Welt der Klänge, der Musik eintauchen, besser gesagt: in ihr untertauchen. Dabei leben die Kinder so intensiv in der Welt der Klänge und der Musik, dass sie wie ein Teil von ihr selber sind. Das kann man daran sehen, dass die Kinder noch alles aufnehmen, was sich in ihrer Umgebung abspielt, während sie sich selbst bewegen. Wenn wir Erwachsenen uns so wie die Kinder bewegen würden, würden wir wohl nur einen Bruchteil von dem mitbekommen, was die Kinder hören. Der Anteil der Sinneswahrnehmung ist bei ihnen noch nicht getrübt vom Filter des Bewusstseins. Das Bewusstsein braucht Ruhe. Deshalb kann der Erwachsene nur konzentriert hören, wenn seine Bewegung zum Stillstand gekommen ist. Das kleine Kind braucht zum Hören den Bewegungsanteil. Wenn es Musik hört, möchte es tanzen, dann kann es die Musik umso besser aufnehmen. Der Wechsel von der äußeren zur inneren Bewegung vollzieht sich zwischen dem achten und dem zehnten Lebensjahr.

Schöpferische Freiheit

Der Leser könnte nun einwenden, dass es sich bei den bisher beschriebenen Übungen um feste Formen handelt, nach denen die Kinder laufen sollen. Wo bleibt die schöpferische Freiheit, die schließlich eine bedeutende Rolle in der musikalischen Erziehung spielt?

Schöpferische Freiheit in der Musik ist ein schwieriges Thema. Es handelt sich dabei um sehr sensible Prozesse, die aber Großes bewirken. Ein Kind, das bei den beschriebenen Übungen den Impulsklang hört, entscheidet frei, wann es sich in Bewegung setzt. Es entscheidet über das Tempo und den Weg: nimmt es die direkte Richtung oder macht es eine kleine Kurve? Der für den Erwachsenen schwierigste Augenblick ist gerade der, die eigene Entscheidung des Kindes in geduldiger Spannung zu erwarten. Wie oft ist man geneigt, zu sagen: *Los! Jetzt mach doch!* Diese Aufforderung nicht auszusprechen, sondern dem Kind seine Zeit zu geben, sind die kostbarsten Augenblicke in allen Übungen. Welch eine Spannung sich da aufbauen kann, wenn ein Kind nicht gleich merkt, dass es an der Reihe ist, die ganze Klasse und der Lehrer schweigend warten, und – welch ein Erwachen, wenn das Kind es schließlich selber bemerkt! Das ist im Schulleben äußerlich ein winziger Augenblick, aber auf solche Momente kommt es an.

Es ist wichtig, dass der Erwachsene selber schweigen lernt und vertrauensvoll diesen Augenblick des Wartens zulassen kann. In dieser Stille – und sei sie noch so klein – öffnet sich ein Tor.

Das Verlangsamen der Lebensprozesse wird in Zukunft von immer größer werdender Bedeutung sein. Beschleunigung erleben wir heute in allen Alltagssituationen. Auch Kinder leiden bereits unter Stress-Symptomen. Das Erleben der eigenen Entscheidungsmöglichkeiten kann aber nicht in Hektik geschehen, dazu braucht man den Raum der Stille, den wir Lehrer bereiten und zulassen müssen.

Schöpferische Freiheit entsteht auch in dem Schwingen, in dem Atmen, das durch das Mittun und Mithören Aller sich im Raum ausbreiten kann. Nicht ein Dirigent bestimmt, wann man einsetzen muss, sondern jeder darf sein eigenes Tempo bestimmen. Auf der Suche nach der Korrespondenz zwischen dem Körper (der eigenen Bewegung) und dem Instrument (dem Klang) spielt sich die Freiheit des Kindes ab. Wir werden bei weiteren Übungen mehr und mehr sehen, wie sich diese Freiheit ausweitet.

Wenn diese Übungen in ihrer Vielfalt in Ruhe und Bewegungsfreude immer wieder geübt werden, dann entwickelt sich eine schöpferische Lust bei den Kindern, selber neue Übungsmöglichkeiten zu entdecken. In der Klasse beginnt es zu sprudeln vor lauter Ideen, was und wie man sich noch bewegen könnte. Dann muss der Lehrer nur dafür sorgen, dass auch tatsächlich nicht nur erzählt, sondern auch noch bewegt wird! Wenn die Kinder dann erleben, dass ihre Idee auch umgesetzt wird, dass ihr Vorschlag gut war, dann steigt die Lust, immer neue Ideen zu produzieren. Wie wichtig es ist, jedem Kind zu zeigen, dass sein Vorschlag umsetzbar ist oder warum nicht, das braucht wohl kaum erwähnt zu werden. Und auch hier gilt, nicht vorzugreifen und bei manchen Ideen zu sagen: *Das geht doch nicht!*, sondern die Freude am Ausprobieren, am Versuchen, auch am Scheitern mit einzubeziehen. Gerade das Durchhalten, das neu Versuchen, das Überwinden des Widerstandes – daran erstarken die Kräfte. Mir ist kein Fall bekannt, in dem ein Entdecker auf Anhieb sein Ziel gefunden hat. Während aller Übungen, die als Grundlage eine geometrische Form hatten, entstand immer dieser Quell (oder Pool) von schöpferischen Ideenbildungen bei den Kindern. Man kann sagen: Bei allen Übungen, bei denen die Kinder ihre eigene Freiheit entdecken, nehmen sie ihre Freiräume wahr und bringen eigene Ideen zum Ausdruck.

Wenn ich bei den folgenden Übungen die Verben *laufen* und *gehen* gebrauche, dann sind nie das *normale* Gehen oder Laufen gemeint, sondern es geht immer um ein leises Aufsetzen der Füße auf den Boden, mal schnell, mal langsamer. Wenn die Zehen den Boden zuerst berühren, wird es leiser, als wenn die Ferse zuerst auftritt. Am besten ist es, wenn der Lehrer vormachen kann, wie es gemeint ist, die Nachahmungskräfte sind in den unteren Klassen noch stark genug. Vormachen ist in diesem Alter immer besser als langwieriges Erklären. Die Kinder können auch einmal die Augen schließen, während der Lehrer die verschiedenen Möglichkeiten vorläuft. Sie berichten danach, was sie am passendsten finden. Sie hören immer heraus, was richtig ist.

Was machen in der ganzen Zeit eigentlich alle diejenigen, die am Rand sitzen und zuhören? Sie sind tatsächlich voller Aufmerksamkeit dabei. Spätestens seit der Entdeckung der Spiegelneuronen wissen wir, dass die Gehirnaktivität gleich stark ist, wenn man sich selber bewegt, anderen bei der Bewegung zusieht oder sich die Bewegung nur vorstellt (Bauer 2006). Dennoch möchte jedes Kind einmal selber in der Mitte sein – und auch der Wechsel will geübt werden.

Übung: Wechsel der Spieler – gemeinsames Singen

Es wird verabredet, dass jedes Kind, das gespielt hat, sich ein anderes aussucht und es zu seinem Platz bringt. Danach setzen sich die Kinder zu den anderen und eine neue Runde kann beginnen. Damit das intensive Zuhören nicht zu anstrengend wird, ist es schön, wenn zwischendurch die Klasse zusammen etwas singt. Die Kinder, die ihren Platz im Raum schon eingenommen haben, stehen still. Alle anderen wandern zwischen ihnen hindurch, ein Lied singend. Ist das Lied zu Ende, begeben sich die Kinder auf die Bänke zurück. Nach dem Singen folgt eine neue Runde Instrumentalklang.

Variante

Manchmal bin ich durch den Raum gewandert, ein Lied singend, und habe dabei mehrere Kinder angetippt, die dann hinter mir her gewandert sind, vielleicht sechs oder sieben Kinder. War das Lied zu Ende, blieben wir alle stehen. Dann schloss ich die Augen und die Kinder schlichen, so leise wie sie konnten, auf ihren Platz zurück. Das Ganze konnte mit einer neuen Gruppe Kinder noch einmal wiederholt werden.

Übung: «Orchester spielen»

Am meisten liebten es die Kinder, *Orchester zu spielen*. So nannten sie es, wenn alle Spieler zum Klang eines großen Gongs sich gleichzeitig im Raum bewegen und ihr Instrument, welches sie bei den vorangehenden geometrischen Übungen hatten, spielen durften. Schwieg der Gong, so gingen alle Kinder wieder auf die Plätze, die sie vorher hatten. Und hier ist es wichtig, dass es nicht darauf ankommt, so schnell wie möglich auf den alten Platz zu kommen, sondern so leise wie möglich. Ziel ist es nicht, der erste zu sein; auch der letzte zu sein, ist in dieser Übung schön, denn dann schauen alle zu! Solche Augenblicke wurden von manchen Kindern besonders genossen.

Manchmal reicht es auch für eine Stunde, wenn nur eine Gruppe die Übung vormacht. In jedem Fall ist es wichtig, dass so lange geübt wird, bis die Übung ihren Sinn enthüllt. Man sollte es besser lassen, wenn die Kinder lustlos die Wege abklappern oder die Instrumente aneinander schlagen. Diese Übungen leben vom Zuhören – in erster Linie vom Zuhören des Lehrers. Das ist die hauptsächliche Arbeit des Musiklehrers: es zu lieben, den Kindern zuzuhören.

Heiterkeit und Ernst

Jeder Kollege kennt die Situation: Es klopft während der Stunde an der Tür, der Lehrer wendet seine Aufmerksamkeit von den Kindern weg, und schon bricht die ganze Hörintensität der Kinder zusammen. Ist der Besucher fort, ist die Frage, wie entsteht eine neue Hörspannung? Nur selten gelingt es, an der gleichen Stelle wieder zu beginnen.

Dann ist guter Rat teuer. Das rechte Maß zu finden, ist hier wie überall die Kunst! In jedem Fall heißt es, den Humor zu behalten, die Kinder können nichts dafür! Gelingt ein neuer Anfang nicht, dann hilft es nur, alle Instrumente weg zu legen. Manchmal halfen mir in solchen Situationen nur noch rhythmische Sprechübungen. Ein, zwei Sprüche sollte man immer parat haben, denn die Sprache hilft immer, Aufmerksamkeit auf einer anderen Ebene wieder herzustellen.

Aber der Bogen darf auch nicht überspannt werden. Ein zu langes Zuhören kann die ganze Stimmung in die andere Richtung umschlagen lassen.

Den Wechsel während einer Übung zu gestalten, die Übergabe der Instrumente von einem Kind zum anderen, bedarf ebenfalls der Übung. Das respektvolle Umgehen mit den Instrumenten, sie so zu übergeben, dass sie nicht hinfallen und nicht versehentlich klingen, all das gehört dazu. Dass die Flöte nicht zum Schlagstock wird und der Schlegel kein Schläger ist, muss immer wieder neu vermittelt werden. Die Ehrfurcht vor dem Instrument ist genau so wichtig wie die Ehrfurcht vor dem anderen Menschen. Auch hier ist der Erwachsene das Vorbild und muss darauf achten, wie er das Instrument nimmt und weglegt, denn das bildet das Verhalten der Kinder. In meiner Schule, in der ich diese Übungen über Jahre entwickeln konnte, waren an den Wänden Regale angebracht, auf denen die Instrumente lagen, offen und für jeden zugänglich. Doch für die Kinder war es selbstverständlich, dass niemand einfach hin ging und etwas nahm. Die Kinder wussten, wie sehr mir die Instrumente am Herzen lagen, und das wurde respektiert.

Während der Übergabe der Instrumente nach einer Übung herrscht meist für eine kleine Weile Unordnung. Die kostbaren Augenblicke zwischen Ordnung und Chaos sind für viele Kinder kaum zu ertragen. Entweder sind sie so verunsichert, dass sie anfangen zu toben und plötzlich durch den Raum rennen, oder sie ziehen sich zurück. Und doch gehört auch das Auftreten von Unordnung zum Leben dazu. Gerade diese Übergänge zu üben bildet für das soziale Leben einer Klasse einen fruchtbaren Boden.

Eine große Regel gab es in meinem Unterricht immer: Wenn gesungen wurde oder ein Instrument klang, dann wurde nicht gesprochen. Das ist für viele Kinder eine große Herausforderung, schließlich ist man es heute gewohnt, ständig dazwischen zu reden. Mir war diese Regel aber sehr wichtig, und so wurde sie zwar nicht immer eingehalten, aber doch akzeptiert. Jedes Üben hat den Vorteil, dass es immer besser werden kann, so auch diese Übung. Wenn man es unter diesem Aspekt sieht, braucht man nicht mehr zu moralisieren oder sich zu beklagen. Dem Ganzen wird die Schwere genommen – Leichtigkeit ist es, was den Umgang mit Kindern prägen sollte. Schwere hat dort nichts verloren, obwohl durchaus Ernsthaftigkeit herrschen darf. Die Balance zwischen Heiterkeit und Ernst zu halten, darin besteht das Kunststück.

Das Üben an sich sollte kein *sauer Brot* werden, sondern das Üben am Klang, an der Bewegung, am Umgang mit den anderen Menschen ist eine anregende und schöne Aufgabe. Üben heißt: immer das Gleiche tun, aber unter immer neuen Vorzeichen. Das Erfinden von neuen Möglichkeiten, das neugierige Suchen danach, wie es klingt, wenn man dies oder jenes tut – das ist das Ziel im Unterricht. Natürlich dürfen die Übungen auch einmal den Eltern gezeigt werden, aber das ist nur die *Krone* des Übprozesses. Wir arbeiten nicht, um aufzuführen, sondern wir arbeiten, um zu üben. Das Angemessene in diesem Alter ist es nicht, auf eine Aufführung hin zu arbeiten, sondern immer geschickter zu werden darin, Klang und Bewegung eins werden zu lassen. Im üblichen Sinn ist das noch keine Musik – aber hier liegt die Chance für alle Kinder, ihre Musikalität zu wecken und zu stärken. Und die Frage sei erlaubt, ob es nicht doch die Musik des Kindes ist? Gibt es denn überhaupt eine Musik des Kindes? Ist nicht das Erklingen eines einzigen Klanges oder das Singen einer Kindesstimme schon Musik? Wenn ein Kind einen Klang hervorbringt und ihm zuhört, kann da nicht mehr Berührung entstehen als bei einer technisch zwar auf hohem Niveau, aber seelenlos gespielten Musik?

Die Arbeit mit den Instrumenten ist in den ersten Jahren eine Vorbereitung darauf, dass später damit Musik gemacht werden kann. Das eigentliche Instrument in dieser Zeit ist aber der eigene Körper. Deswegen sind diese Jahre so bedeutend für die Entwicklung der Musikalität, weil die Kinder später in der Ausübung der Musik auf diese *Leibeserfahrungen* zurückgreifen können. Was in der frühen Kindheit angelegt wird, soviel wissen wir auch aus der Hirnforschung, das schafft den Raum für viele Möglichkeiten. Die frühe musikalische Förderung kann nicht durch ein Programm geschehen, das auf *Kinderniveau* herunter verkleinert wird und das Kinder und Jugendliche zu lernen haben, sondern es muss sich in diesem Alter um eine *andere* musikalische Bildung handeln. Musikalische Bildung im frühen Schulalter – ich spreche das Alter 6 bis 9 Jahre an – ist eine Bildung, bei der es sich um den Körper, um die Bewegung in Verbindung mit Klängen handeln sollte. In der Erziehung ist selten etwas auf direktem Wege zu erreichen. Immer müssen Umwege gemacht werden, aber auf die Art, wie diese Wege gestaltet werden, kommt es an.

Rechnen lernt man erst, wenn man ein Verhältnis zu Zahlen gewonnen hat. Schreiben lernt man am besten, wenn man die Laute, durch die die Schrift uns etwas vermittelt, erleben kann. (Legastheniker hören oft die Laute nicht richtig! Auch hier kann durch eine gezielte Hörschulung viel erreicht werden.) Malen lernt man am besten, wenn man im frühen Kindesalter ein Verhältnis zur Farbe bekommen hat. Ein Verhältnis zur Musik gewinnt man, wenn man eine Beziehung zu Klängen und Tönen, zum Rhythmus eingehen kann, wenn man gelernt hat, sich nach Klang und Melodien zu bewegen – nicht indem Notenschlüssel gemalt oder Tonleitern auswendig gelernt wurden, sondern indem man das Erlebnis haben konnte: Das, was klingt, hat etwas mit mir zu tun!

Bei allen Hör- und Bewegungsübungen ist immer die soziale Komponente mit eingeschlossen. Vor allem bei den geometrischen Formen wird das Kind immer das Ganze im Blick oder im Ohr haben müssen, wenn es im Fluss der Bewegung bleiben will. Der *flow* entsteht dadurch, dass alle Beteiligten gemeinsam schwingen (vgl. auch Csikszentmihalyi 1992).

Dann entsteht die Glücksstimmung, in der die Phantasie zu fließen beginnt.

Übung: Freie Wahl im Kreis

Für die geometrischen Übungen kann natürlich auch der Kreis zu einer der Übformen werden, wobei es ratsam ist, den Kreis aus höchstens sieben oder acht Kindern bestehen zu lassen, damit die Kinder alles gut überblicken können. Auch hier gilt die Regel: Wenige bewegen sich, viele schauen zu.

Sieben oder acht Kinder bekommen je ein Geräusch- oder Klanginstrument: Rasseln, Hölzer, Steine, eine Triangel, eine kleine Trommel, einen Gong etc, was man zur Verfügung hat. Der Lehrer ist immer mit in dem Kreis, er beginnt die Bewegung, indem er mit seinem Instrument spielend zu einem der im Kreis stehenden Kinder geht. Er stellt sich hinter dieses, hört auf zu spielen und das Kind, das nun vor ihm steht, spielt sein Instrument und wandert zu einem anderen. Eine zusätzliche Schwierigkeit für das Kind ist die Entscheidung, welchen nächsten Spieler es sich aussucht. Da kann man oft Kinder sehen, die lange in die Runde schauen oder durch den Kreis verschiedene Kurven laufen, bis sie ihre Entscheidung getroffen haben. Immer, wenn das Kind eine eigene Entscheidung fällen muss, kann dieses Verzögerungsmoment entstehen. Dann sollte man dem Kind unbedingt den eigenen Zeitraum zubilligen und erwartungsvoll lauschen, wie das Kind sich entscheidet. Übrigens kann man in solchen Augenblicken auch gut beobachten, dass jede Entscheidung für das kleine Kinder eine Herausforderung ist.

Eine Entscheidung hat immer eine andere Qualität, wenn man sie aus der Ruhe heraus fällen kann, als wenn man von außen getrieben wird. In diesen so unscheinbaren Augenblicken werden Selbstvertrauen und Initiative angelegt. Die Schule kann ein Ort sein, an dem nicht angetrieben, an dem nicht ständig zur Schnelligkeit ermahnt wird, sondern an dem jedem die Zeit gegeben wird, die er braucht. Da die Kinder alle sehr verschieden sind, braucht man keine Sorge zu haben, dass diese Übung nicht von der Stelle kommt. Es wird immer Kinder geben, die schnell sind (manchmal zu schnell) und andere, die viel Zeit brauchen – und ein großes Mittelfeld, das die Übung ganz selbstverständlich ausführt, so dass es sich immer ausgleichen wird.

Diese Übung kann eine Weile hin und her schwingen, auch hier kann zwischen Ausführenden und Zuhörern gewechselt werden. Dabei liegt das *Ohrenmerk* aber immer auf dem Wechsel. Der Wechsel ist auch eine Übung und nicht ein leidiger Übergang.

Flöte und Kinderharfe und das Vertraut-Werden mit den sieben Tönen

In der ersten Klasse wird neben den Hör- und Bewegungsübungen viel gesungen, am liebsten integriert in die Bewegungsübungen. Es wird anfänglich Kinderharfe gespielt, ein siebensaitiges Instrument (darüber weiter unten mehr), und es werden erste Übungen mit der pentatonischen Flöte gemacht. In unserer Schule spielten wir mit den Choroi-Flöten, die in den 1960er Jahren entstanden sind.

Einfache kleine Melodien nachzuspielen ist eine angemessene Aufgabe für den Anfang. Die Kinder sollten dabei nicht von den Fingern des Lehrers abspielen. Der Lehrer steht entweder hinter den Kindern oder dreht sich einfach um, so dass die Kinder ihn nur hören. Allein den ersten Ton zu finden ist ein herrliches Spiel, denn hier merken die Kinder, dass sie meistens nur über Probieren zum Ziel kommen. Es sei denn, es liegt ein absolutes Gehör vor – aber die meisten Kinder suchen eine Weile nach dem Ton.

Bei dieser Suche kann man viel über die Kinder lernen. So gibt es Kinder, die am liebsten gar nicht spielen, weil sie schon wissen, dass sie den Ton nicht auf Anhieb finden, und gleich resignieren. Andere bieten einem mit strahlendem Gesicht alle möglichen Töne an, können aber den gemeinten nicht finden. Auf welche Weise sucht das Kind? Das ist die interessante Frage, und nicht: Wer findet den Ton am schnellsten? Das Suchen zeigt sehr viel über das Lernverhalten des Kindes. Das Kind erlebt gerade bei der Suche nach dem vorgespielten Ton, dass es nur über den Irrtum geht. Es geht nur, indem man Fehler macht! Lernen geht überhaupt nur über das Scheitern, wobei es Kinder gibt, wie oben beschrieben, die die Suche nie als ein Scheitern erleben – und leider viele Kinder, die auf ihr vieles Scheitern (bzw. Suchen) nur negative Reaktionen erlebt und schon Angst vor dem Nicht-gleich-Finden haben. In unserer durch die Medien als perfekt dargestellten Welt fällt es den Kindern zusehends schwerer, nicht gleich perfekt zu sein. Jede CD, die die Kinder hören, spiegelt die perfekte Einspielung vor. Wenn man von *perfekten* Sängern und Spielern umgeben ist, dann fällt es schwer, die eigenen Unzulänglichkeiten zu ertragen, auch für Erstklässler! Dieses Phänomen der sich selbst kritisch beurteilenden kleinen Kinder hängt auch mit dem sich immer früher entwickelnden Bewusstsein zusammen. In dem Zusammenhang dürfen Kinder mehr denn je erleben: Auch wenn sie nicht gleich den vorgespielten Ton nachspielen können, so ist das in Ordnung. Ich versuche hier absichtlich nicht vom falschen und richtigen Ton zu sprechen. Die Kategorien *falsch* und *richtig* sollte man vorsichtig verwenden.

Kleine Melodien können wiederholt werden, oft von mehreren Kindern nacheinander. Frage- und Antwortspiele sind herrliche Übungen, die nicht nur zwischen Lehrer und Schüler hin- und hergehen können, sondern auch zwischen zwei Kindern.

Hilfreich ist es auch, die Tonhöhen einmal nur mit den Händen anzuzeigen. Die linke Hand bleibt als Orientierung in der Mitte des Körpers *stehen* und die rechte Hand zeigt die Tonhöhen, die zu spielen sind.

Hier gibt es verschiedene Variationen:

Der Lehrer zeigt eine Melodie, die gleich mitgespielt wird.

Der Lehrer zeigt eine Melodie, die erinnert werden soll, am besten wird sie zweimal gezeigt, dann erst spielen die Kinder sie nach.

Der Lehrer zeigt eine Melodie an, die die Kinder erkennen sollen, z.B. ein Lied, das die Kinder natürlich schon gesungen haben.

Die Flöte kann auch so gespielt werden, dass die Finger schwer auf die Löcher fallen, so entsteht eine geklopfte Melodie. (Hierbei wird natürlich nicht geblasen).

Oder es wird mit der Flöte auf die Hand oder den Arm geklopft, auch Oberschenkel sind hierbei erlaubt, denn alles klingt anders! So kann entweder ein Rhythmus vorgeklopft werden, der nachgemacht wird oder der Rhythmus eines bekannten Liedes kann auf diese Weise hörbar werden.

Alle Arten von Ratespielen schaffen Freude am Lernen (vgl. auch Beilharz/Kumpf 2005).

Das Spiel mit der Kinderharfe spiegelt das gleiche Lernverhalten. Durch ein neues Medium, das Saiteninstrument, kann das Kind von einem neuen Blickwinkel (oder *Hörwinkel*) aus ähnliches üben. Das Kind sieht die Saiten, aber die Löcher der Flöte sieht das Kind beim Spielen ja nicht. Dafür braucht es den Eigenbewegungssinn, der vermittelt das Gefühl für die eigene Bewegung. Schon hier kann man heute immer öfter erleben, dass Kinder nicht fühlen, ob ihre Finger auf den Flöten-Löchern oder daneben liegen. Der Tastsinn ist hier natürlich gleichermaßen gefordert.

Dass die tiefen Saiten der Harfe rechts und die hohen links aufgespannt sind, hilft dem kindlichen Hören wenig. Deshalb habe ich hier oft mit einem Ein-Ton-Lied begonnen, dann frei den Text mit zwei Tönen gesungen, die die Kinder suchen und dann spielen sollten – und das über einen längeren Zeitraum immer wieder mit neuen Tönen oder auch neuen Texten. Da kann der Lehrer seiner Erfindungsgabe freien Lauf lassen (siehe nächste Seite).

Wenn die Kinder in der ersten Klasse malen, so spielen sie während des ganzen ersten Schuljahres mit den drei Grundfarben, Gelb, Rot und Blau. Wie verhalten sie sich zueinander, vertragen sich Rot und Blau? Was geschieht, wenn sich Gelb und Blau zu nahe kommen? Ebenso geduldig darf man auch mit den wenigen Tönen eine lange Weile spielen. Die Gedulds-

Liedvarianten für Kinderharfe, nach Julius Knierim: «Quintenlieder»

frage liegt nur beim Erwachsenen. *Wir* lieben es, wenn viele Töne gleichzeitig klingen. Die Mehrstimmigkeit ist für das kleinere Kind aber noch eine Überforderung.

Sehr bewährt haben sich in dieser Phase entweder die Choroi-Handspiele oder kleine Gongs, die so gestimmt sind, dass sie die gleichen Töne haben wie die Flöten oder Kinderharfen. Dadurch hat jedes Kind einen Ton und erlebt: Ich bin der Ton. Ich kann mich mit dem Ton verbinden. Wenn ich mich bewege, bewegt sich der Ton mit mir. Immer wenn die Musik leiblich erfahren wird, entsteht für das Kind die große Chance, sich leiblich enger mit ihr zu verbinden, sie näher kennen zu lernen. Besonders in unserer Welt, die in ihrer Virtualität stetig mehr und mehr die Kinderzimmer bevölkert, wird die leibliche Auseinandersetzung für das Kind von existenzieller Bedeutung. Um sich in der Welt zurechtzufinden, muss man sich selber sehr gut fühlen können, die eigene Begrenzung kennen (Auer 2007).

Lernt man anfangs mit wenigen Tönen zu spielen, sie hörend und nicht nur visuell wieder zu erkennen, dann bildet sich eine Sicherheit in dem Bereich, der die Grundlage für jede musikalische Ausübung im späteren Leben bildet. Dazu sind die pentatonische Flöte und die Kinderharfe ausgezeichnete Instrumente. Als Melodieinstrumente neben einer Fülle von Klanginstrumenten können sie helfen, die Kinder in die Welt der Töne einzuführen.

Übung

Sieben Kinder haben je einen Gong oder ein Choroi-Handspiel (es sind die Töne: d´, e´, g´, a´´, h``, d``, e``). Der Lehrer dirigiert eine Tonfolge, die dann von der ganzen Klasse mit den Kinderharfen oder auch den Flöten nachgespielt werden soll.

Wichtig hierbei ist es, dass die zu erinnernde Melodie immer mindestens zweimal erklingt, nicht jedes Kind kann nach dem ersten Hören die Melodie erinnern. Eine Melodie besteht natürlich zunächst aus wenigen Tönen.

Die Übung kann auch umgedreht werden:

Den Flöten wird eine Melodie angezeigt, sie wird wiederholt und dann wiederholen die Gongspieler sie.

Hat man keine Handspiele oder Gongs zur Verfügung, kann man genauso gut sieben Kindern jeweils einen der sieben Töne auf Flöte oder Kinderharfe zu spielen geben, dann hat man auch eine *personifizierte* Tonskala.

Es mag eine Selbstverständlichkeit sein, aber erwähnen möchte ich doch noch einmal, dass die Einstimmigkeit bis in die erste Hälfte der dritten Klasse für die Kinder vollkommen befriedigend ist. Die Unzufriedenheit geht meistens nur vom Erwachsenen aus. Sogar bis in die fünfte Klasse kann immer wieder zwischendurch einstimmig gesungen werden. Wenn

die Kinder nicht zu früh an ständige Klavier- oder Gitarrenbegleitung gewöhnt werden, sondern gelernt haben, auf den Klang ihrer Stimmen zu hören, ist das durchaus ohne Verlust des Singvergnügens zu erreichen. Unmut von Seiten der Kinder erscheint lediglich dann, wenn die pentatonische Stimmung nicht rechtzeitig der Diatonik weicht. Sollte man als Lehrer diesen Zeitpunkt verpassen, so melden sich die Kinder schon. Es ist nur wichtig, dass ihre Unmutsäußerungen richtig gedeutet werden.

In den ersten Jahren meiner Musiklehrertätigkeit verpasste ich öfter den Zeitpunkt des Wechsels. Da irritierte es mich anfangs schon sehr, dass die Kinder sagten: *Deine Lieder sind doof!* Warum fanden sie auf einmal nicht mehr schön, was sie bis dahin doch freudig mitgesungen hatten? Da hilft nur, sich selbst zu hinterfragen und sich auf keinen Fall über die Kinder zu ärgern. Kinder wollen sich weiter entwickeln, und das eigene Tempo kennen sie selber am besten. Die Kunst des Lehrers ist ja, diesen richtigen Zeitpunkt aufzuspüren und mit neuen Herausforderungen die Kinder auf ihrem Weg zu führen und zu begleiten, im Sinne des griechischen Lichtträgers.

Bild und Klang

Ein wichtiges Thema des Musikunterrichts bei den kleinen Kindern ist die Frage, ob es unbedingt nötig ist, Geschichten zu erzählen. Sollte es nicht möglich sein, dass der Klang oder die Melodie im Vordergrund steht? Aus langer Berufserfahrung kann ich sagen, dass die Bewegung die Geschichte vollgültig ersetzen kann. Die Bewegung ist das Bild – man braucht nicht noch ein Bild, um den Ton zu erläutern.

Das Bild stellt etwas dar, bildet es ab. Ein Ton bildet nicht ab, er ist ein Ton, der für sich selber spricht. Das Bild verliert seine Realität im Bereich des Tönenden. Bilder und Farbbänder an den Saiten als Orientierungshilfe gehören auf die gleiche Ebene. Manchmal kann so etwas gut sein und dem einen oder anderen Kind helfen, wenn es gar nicht anders geht. Aber als Lehrer sollte man sich klar darüber sein, dass in solchen Fällen ein Hördefizit vorliegt, das untersucht und in Arbeit genommen werden sollte, statt sich in der Illusion wiegen, dass das Problem mit Farben oder Bildern zu lösen sei.

Die Musik spricht für sich selber. Musikalisches malt nicht ab. Dass Smetana *Die Moldau* geschrieben hat oder Mussorgski *Bilder einer Ausstellung*, gibt uns keine Berechtigung, immer weiter mit Musik zu malen. Die Kinder sind, auch wenn sie noch klein sind, doch Zeitgenossen. Die Zeit, in der Musikalisches gebraucht wurde, um etwas zu illustrieren, ist zwar noch nicht überall vorbei, aber in der zeitgenössischen Kompositionswelt ist sie doch lange Vergangenheit.

Es kann sich in der Pädagogik nie darum handeln, einen Inhalt *kindgerecht* zu verkleinern, sondern zu schauen, welche Nahrung das Kind im entsprechenden Alter am meisten braucht. Wir können auf die der Musik innewohnende Kraft vertrauen, die für sich selber sprechen möchte und nicht zur Illustration von etwas anderem degradiert werden will. Ich nenne es unmusikalisch, wenn Kinder Geschichten musikalisch untermalen sollen und das der Inhalt des Musikunterrichts ist. Wie oft kann man beobachten, dass *Musikhefte* geführt werden, in denen Kinder Bilder malen, die mit dem Unterrichtsinhalt gar nichts zu tun haben. Das Malen am Ende der Stunde soll zur Ruhe führen. Das tut es tatsächlich, aber die Ruhe, die nach durchklungener Bewegung entsteht, hat eine ganz andere Qualität.

Das Gehörte kann sich in der Stille im Leib befestigen. Dann kann es in der Nacht Nahrung für die Engel werden. So begleitet es den Schlafenden in der Nacht selber und wird zur Quelle der Erkraftung und Erneuerung. Wer ist nicht schon nach einer Konzertaufführung nachts aufgewacht und hat vieles von dem, was er am Abend gehört hat, im Schlaf noch einmal gehört? Wenn die Instrumente von Qualität sind – und das sind z.B. die selbst geschmiedeten Instrumente aus der Schmiede von Manfred Bleffert und anderen – dann klingen sie in der Nacht intensiv nach. Jede musikalische Betätigung im Unterricht sollte die Frage im Hintergrund beinhalten: Kann sie Nahrung für die Seele sein oder ist sie nur *Geklingel*, das nicht zu einer wie auch immer gearteten Resonanz führen kann?

Schon für die musikalische Gestaltung einer Märchenaufführung in den ersten Klassen darf Musik als ein *Intervall* für den Bilderwechsel dienen, aber nicht als Untermalung. Wenn der Riese kommt oder der Bär sich heranschleicht – muss dazu die Trommel tönen? Da riskiere ich eher in die Ecke der Puristen gestellt zu werden, als dass ich der Musik so eine Rolle zugestehen würde. Es geht um Hören und nicht um Verbildlichen! Ein genauer Beobachter kann erleben, dass bei guter Filmmusik sich die Spannung der Zuschauer erhöht (wenn z.B. die Trommel gespielt wird, während der Riese sich dem Helden nähert, dann ist dies mit Filmmusik zu vergleichen). Aber was geschieht bei diesem Vorgang? Der Klang der Trommel steigert das Bild, aber er führt den Zuhörer nicht zum Klang der Trommel. Im Gegenteil, das Bild und die Spannung, die durch das Instrument gesteigert wird, lenken vom eigentlichen Hörvorgang ab. Die Angst um den Helden lässt alles Mögliche im Zuschauer und Zuhörer entstehen, aber kein Verhältnis zum Klang. Und darum sollte es doch im Musikunterricht immer gehen! Je ernsthafter das Anliegen des Erwachsenen ist, desto mehr Achtung vor der Musik kann beim Kind entstehen. Obwohl viel Freude und Spaß im Unterricht anwesend sein sollte, ist es doch eine ernste Angelegenheit, wenn es um die Musik geht!

Meine Beobachtungen in der über zwanzigjährigen Arbeit mit den Kindern haben immer wieder gezeigt, dass ein Kind, das in der ersten Klasse noch keine Tonhöhen hören kann, sehr wohl in der Lage sein kann, es auch noch in der zweiten oder dritten Klasse zu lernen. Wenn es ihm in der dritten Klasse immer noch nicht gelingt, zwei Töne voneinander zu unterscheiden, dann sollte man dem Problem ernsthaft nachgehen. Aber in den ersten zwei Schuljahren ist es durchaus noch im Bereich des Normalen, wenn das Erkennen von Tonhöhen noch nicht immer gelingt.

Die Bewegungsspur einer Melodie erfasse ich am besten, wenn ich sie mit bewege, zum Beispiel wenn die Arme die Tonhöhen mit bewegen. Dann kann ich eine Melodie sichtbar machen. Darauf beruht die Ton-Eurythmie. Sichtbar gewordener Gesang ist Bewegung im Raum. Wenn das einmal für alle Akzeptanz gefunden hat, dann ist es keine Frage mehr, dass es Bewegungsräume für den Musikunterricht in der Unterstufe geben muss. Dann kann es nicht mehr sein, dass Kinder hinter Bänken und Tischen die ganze Stunde über still sitzend Musikunterricht haben.

Es ist eine bewährte Erfahrung, dass Kinder bildhaftem Unterricht besser folgen können als trockener Darstellung von Fakten. Aber im Musikunterricht ist das Bild, um einen Ton oder einen musikalischen Prozess zu verdeutlichen, nicht das angemessene Medium. Es ist natürlich verlockend, denn ein Kind lernt ein Lied schneller auf der Kinderharfe zu spielen, wenn ich den Tönen Namen gebe oder die Saiten abzähle. Aber für die Entwicklung des Hörens ist damit nichts gewonnen. Je mehr ich mir am

Anfang dafür Zeit nehme, desto schneller geht es dann, wenn das Tor einmal aufgestoßen ist. Setze ich immer ein Bild an die Stelle, wo das Tor des Hörens sich nach innen öffnen könnte, so ist dieser Raum besetzt und das Tor bleibt geschlossen.

So lange die saubere Trennung zwischen Bild und Klang nicht erfolgt, gibt es keinen zwingenden Grund, sich mit den Kindern zu bewegen. Dürfen Kinder sich endlich bewegen und wird der Unterricht wirklich auf der Schulung des Hörens aufgebaut, dann braucht man im Musikunterricht keine Geschichten mehr zu erzählen.

Wenn frühe sich entzündet

Text: Graf von Spee
Musik: Reinhild Brass

2. Die Lieb in meinem Herzen
Ein Flämmlein zündet an.
Das brennt gleich einer Kerzen,
Die niemand löschen kann.

Klasse 2

Vielfalt im Gebrauch der Instrumente

In der ersten Klasse haben die Kinder gelernt, mit den Instrumenten vorsichtig und liebevoll umzugehen und so zu spielen, dass der Klang sich gut entfalten kann. Nun können die geometrischen Formübungen gesteigert werden.

Übung

Das Dreieck (siehe Klasse 1) kann durch ein zweites ergänzt werden.

Die ersten drei Kinder haben Bronzestäbe in der Hand. Die nächsten drei Kinder nehmen ihren Platz jeweils zwischen zwei Kindern ein, sie bekommen Eisenstäbe. Zwei verschieden gestimmte Bordunleiern, Streichleiern oder zwei Gongs mit unterschiedlichen Tonhöhen spielen den Klang, woraufhin sich eine der beiden Gruppen in Bewegung setzt. Im Wechsel treffen sich einmal die drei Kinder mit ihren Bronzestäben in der Mitte und lassen ihre Stäbe zusammenklingen und einmal die Kinder mit den Eisenstäben. Beim Herausgehen aus der Mitte kann der Platz des nächsten Spielers eingenommen werden.

Hinter jedem Stabspieler steht ein Kind mit Klanghölzern in den Händen. Wenn die Dreiecke sich mehrmals schwingend bewegt haben – es sieht tatsächlich eher aus wie ein Tanz – dann kommen auf ein Zeichen hin, z.B. durch klingende Steine, die sechs Kinder mit ihren Hölzern an die Reihe. Diese bewegen sich frei durch den Raum, ihre Hölzer spielend, so lange wie sie die klingenden Steine hören. Sind diese still, begeben sich die Kinder auf die Plätze, die sie vorher innehatten. Das geschieht in Ruhe, ohne Hetze. Das besondere Augenmerk liegt wieder auf den leisen Füßen. Je weniger man davon bemerkt, desto intensiver ist die Höraktivität.

Hölzer und Klangstäbe

Variante 1

Jetzt können die Kinder ihre Flöte schon so gut spielen, dass auch sechs Kinder mit ihren Flöten als *Platzhalter* stehen können. Zwar spielen sie ihre Flöte nicht während des Laufens (das können Kinder erst ungefähr ab dem 10. Lebensjahr, denn dann beginnt der Atem sich von der Bewegung zu lösen), aber sie können stehend einer nach dem anderen eine kleine Melodie spielen, diese sozusagen weiterreichen. (Lässt man die Kinder zu früh gehen und spielen, dann wird lediglich auf jeden Schritt ein Ton gespielt. Man kann hören, dass die Kinder überfordert sind.)

Wesentlich bei diesen geometrischen Übungen ist, dass sie sowohl im Klang als auch in der Bewegungsart einen Wechsel beinhalten. Die Gegensätze zwischen schnell und langsam und zwischen Metall und Holz, zwischen Metall und Flöten, zwischen Holz und Singen lassen die Übungen atmen. Es gibt keine Beschränkung in der Abwechslung der Klangfamilien; je vielfältiger, umso schöner.

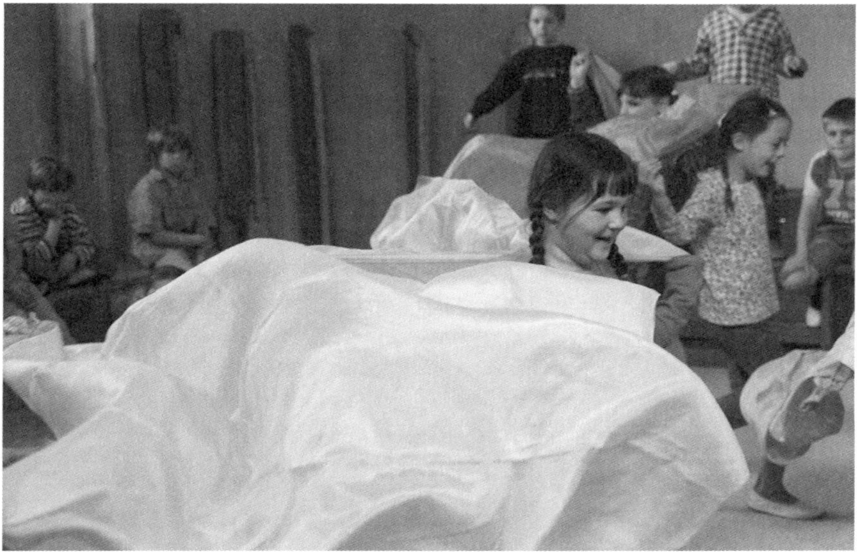

Fröhliches Gewoge zum Klang der Zimbeln

Variante 2

Die sechs *Platzhalter* haben jeder ein Seidentuch. (Wir hatten verschieden gefärbte Tücher). Wenn die Flöte erklingt, halten alle ihr Tuch ausgebreitet über den Kopf und *segeln* durch den Raum. (Hier sind übrigens Bilder erlaubt, denn sie veranschaulichen die Bewegung und nicht den Klang.) Die Kinder dürfen wie Schmetterlinge fliegen, da hört man keinesfalls die Füße!

Variante 3

Nicht alle sechs Kinder bewegen sich gleichzeitig mit ihren Tüchern, sondern auf einen Impulsklang hin läuft ein Kind zum Platz des nächsten, das Sechseck außen ablaufend. Auf diese Art können die Kinder die Qualitäten der Zahlen noch einmal ganz neu erleben. Wer diese Übung mehrfach wiederholt hat in den unterschiedlichsten Klangkombinationen, der vergisst nicht, dass zweimal drei sechs sind.

Variante 4

Sechs Kinder stehen in einem Sechseck, jedes Kind hat ein Paar Zimbeln in der Hand. Hinter ihnen stehen Kinder mit kleinen Handtrommeln. Auf einen verabredeten Klang hin bewegen sich nun immer die Kinder aufeinander zu, die sich diagonal gegenüberstehen und tauschen dabei ihre Plätze. Drei mal zwei sind auch sechs!

Die Kinder mit den Handtrommeln laufen gleichzeitig eine ganze Runde, bis sie wieder auf ihrem Platz sind, das heißt: jedes Kind läuft von einem Platz zum nächsten, bis es wieder an seinem alten Platz angekommen ist. Das Zeichen dazu kommt von einer großen Triangel, die still sein muss, wenn alle wieder auf ihrem Platz sind. Der Impulsklang kann sowohl für den Beginn als auch für das Ende gelten.

Variante 5

Nur einige Kinder spielen, die anderen sitzen am Rand. Zwischen den Klangspielen wird mit allen gesungen, so dass diejenigen, die am Rand sitzen, auch in Bewegung kommen. Zum Singen dürfen alle Kinder, die keine Instrumente haben, durch den Raum wandern, ohne jemanden zu berühren. Das freie Gehen im Raum kann man nicht oft genug üben. Hier werden sehr viele ungeführte Bewegungen abgebaut, wie Schubsen, Beinchen stellen, Kneifen oder ähnliches.

Auch die Vierecksübungen (siehe Klasse 1) lassen sich entsprechend erweitern. Dem ursprünglichen Viereck wird ein zweites *eingeschrieben.*

Durch solche Übungen leben die Kinder immer im Klang. Einmal verabredet, braucht man keine Worte mehr, die Übung *verläuft* in Stille. Die Dynamik kann sich durch den Impulsklang verändern und variieren.

Die Übungen werden nur unterbrochen, wenn die geometrische Form nicht mehr erkennbar ist und dadurch Unsicherheit und Unruhe entsteht.

So wichtig wie der Beginn einer Übung ist, so ist es auch ihr Ende. Wie kommen nun alle Instrumente auf ihren Platz, die Kinder wieder auf die Bänke? Auch das ist Teil der Übung und sollte nie zur Nebensache werden. Hier muss sich der Lehrer entscheiden. Entweder bringt jeder sein Instrument zurück und geht auf seinen Platz. Dann ist die Unruhe, die entsteht, Teil des Endes, oder es wird verabredet: So lange wie die Flöte spielt, bringen alle Kinder ihre Instrumente zurück und schleichen dann auf ihre Plätze. Der Lehrer sollte nicht vom Ende überrascht werden, sondern sich vorher überlegt haben, wie er die Übung schließt. Man kann z.B. auch ein Tuch in die Mitte legen und die Kinder bitten, alle Instrumente darauf zu legen.

Übung

Alle Kinder setzen sich auf den Boden in einen großen Kreis.

Ein Kind bekommt eine Zimbel und wandert spielend um den Kreis herum. Dann bleibt es hinter einem Kind stehen und hört auf zu spielen. Hat dieses Kind realisiert, dass es gemeint ist – und das kann manchmal eine Weile dauern – übernimmt es die Zimbeln und wandert als nächstes um den Kreis herum und sucht sich einen neuen Spieler aus. Zu realisieren, dass man selber gemeint ist, ist wieder solch ein kostbarer Augenblick, den man nicht von außen zerstören sollte. Dieser Moment des *Erwachens* birgt die ungeheure Freude des Selber-Entdeckens und ist viel wertvoller, als wenn andere einen auf das zu Suchende aufmerksam machen.

Die Bedeutung des Findens

Als Kinder durften wir am Ostermorgen Ostereier suchen. Was für eine Freude, wenn ich eines gefunden hatte! Für meine sechs älteren Geschwister war es oft ein Spaß, mich das letzte finden zu lassen, während sie es schon längst, z.B. in der Astgabel, entdeckt hatten. Dass ich es finden durfte, reihte mich in die Riege der Großen ein. Finden heißt entdecken. Ein Entdecker zu sein ist etwas Großes, auch wenn es sich nur um ein Osterei handelt! Und welches Kind wollte nicht ein Entdecker sein. Es braucht nicht gleich Amerika zu sein – der Augenblick des Entdeckens ist für ein achtjähriges Kind von großer Bedeutung, auch wenn es sich um etwas Kleines handelt. So unscheinbar dieser Augenblick im Hinblick auf das ganze Leben erscheinen mag, so betone ich ihn doch deshalb so ausführlich, weil das Kind dabei erlebt: *Ich bin gemeint! Ich werde gesehen!*

Durch die Zuwendung des Erwachsenen, durch seine Wahrnehmung, erlebt das Kind sich selber. Dadurch geschieht die Selbsterkenntnis des Kindes. *Ich werde gesehen, also bin ich*, könnte man in Abwandlung der Aussage Descartes' sagen. Wie oft hat man als Kind erlebt, dass der Lehrer einen gar nicht gesehen oder gehört hat! Genau das möchte man aber – nicht nur als kleines Kind, das möchte man sein ganzes Leben lang. Die Beziehungen, die in der Schule aufgebaut werden, bilden die Grundlage für alles Lernen, sowohl die Beziehungen zum Erwachsenen als auch die zu den Mitschülern. Dieses Lernklima entstehen zu lassen und zu pflegen, das ist eine der vornehmsten Aufgaben des Pädagogen.

Der Lehrer als Meister der Achtsamkeit

Während meiner eigenen Schulzeit im Gymnasium wurden im Musikunterricht noch Zensuren verteilt, nachdem jeder einzeln vorgesungen hatte. Ich hatte zwei Freundinnen, die davor immer große Angst hatten. So setzte ich mich während dieser Prüfung hinter sie und sang für sie. Sie bewegten den Mund, es klang aber jedes Mal meine Stimme, natürlich etwas verändert, aber die Lehrerin merkte es nicht. Für uns war das ein riesiger Spaß, aber ernst nehmen konnten wir die Lehrerin nicht, hörte sie diesen Betrug doch gar nicht! Die Situation war ad absurdum geführt. Es war klar: Sie hatte kein wirkliches Interesse an uns, nahm uns gar nicht wahr!

Für die Rückschau, die der Lehrer nach dem Unterricht halten sollte, ist die Frage von Bedeutung: Habe ich jedes Kind wahrgenommen? Welches Kind ist heute zu kurz gekommen? Welches Kind braucht in der nächsten Stunde mehr Möglichkeiten, von allen wahrgenommen zu werden?

Die geometrischen Übungen ermöglichen Wahrnehmung: Einige Kinder stehen im Mittelpunkt, andere nehmen wahr. Auf diese Weise können alle Kinder einmal im Mittelpunkt stehen. Wenn man nur Frontalunterricht macht und sich die Kinder melden und etwas äußern, dann leuchten sie zwar auch für Augenblicke auf, aber das sinkt schnell wieder im Ganzen unter. Bei den beschriebenen Übungen kann der Lehrer jedes Kind über einen ausgedehnten Zeitraum intensiv wahrnehmen. So vieles lässt sich dabei beobachten: Wie bewegt sich das Kind? Wie reagiert es? Wie sehen seine Entscheidungen aus? Hat es Geduld? Ist es in der Lage, sich einen Überblick zu verschaffen? Wie wach kann es bestimmte Prozesse mit verfolgen? Kann es mehrere Verabredungen für den entsprechenden Impulsklang erinnern? Kann es rechts und links sicher von einander unterscheiden? Ist es überhaupt in der Lage, den Impulsklang von hinten zu erwarten? Hat es schon Vertrauen, dass etwas von hinten erklingen wird oder dreht es sich ständig um, um zu sehen, ob und vor allem welcher Klang gleich erklingen wird? Kann es den Impuls, der von dem Klang ausgeht, in Bewegung umsetzen, nimmt es wahr, ob der Klang eine schnelle oder langsame Bewegung zur Folge hat? Kann es das umsetzen, was es gehört hat? Nur durch viele Beobachtungen lerne ich die Kinder kennen. Es braucht nicht gleich alles beurteilt zu werden, aber eine Vielzahl solcher Wahrnehmungen führt schließlich doch zu einer Einschätzung, was dem Kind für seine Entwicklung dienlich sein kann und was nicht.

Der Lehrer sollte ein Meister der Aufmerksamkeit werden. Er sollte auch beobachten, welche Klänge von welchem Kind bevorzugt oder abgelehnt werden. So gab es in meiner Klasse ein Kind mit hysterischer Neigung. Dieser Junge konnte es anfangs nicht aushalten, wenn der helle, schwirrende Klang der Triangel ihm zu nahe kam. Es konnte geschehen, dass er schreiend aus der Klasse lief und erst durch den Klang eines tiefen, warmen Instrumentes wieder in die Übung einsteigen konnte. Dieses Kind, das es sowieso schon schwer hatte in seinem Körper zu Hause zu sein und viel stärker als andere in seiner Umgebung lebte, erreichte dieser hohe Klang in seiner Peripherie. Dort erzeugte es nicht etwa ein Wohlgefühl, sondern der Klang ging ihm *unter die Haut*. Die seelische Grenze war bei diesem Jungen aber nicht die Haut, sondern sie lag vielleicht zwei, drei Meter außerhalb von ihm. Die seelische Weitung, die der Klang der Triangel bewirkte, war eine Verstärkung seines Zustandes und wirkte wie ein physischer Schmerz. Er brauchte eine tiefe Trommel oder ein Holz, das im Klang eher eine Verengung hervorruft. Von selber griff dieser Junge nie nach einer Triangel oder einer Zimbel. Wenn es schon ein Metallklang sein sollte, dann am ehestens ein tiefer Gong.

Es brauchen nicht immer alle Kinder alles. Sehr wichtig ist es, gut zu beobachten, ob das Kind seine Flöte gern spielt oder dies unter allen Umständen zu vermeiden sucht. Sehr oft liegt der Antipathie der Flöte gegenüber ein Atemproblem zugrunde. Auch hier ist genaue Beobachtung angesagt. Sitzt das Kind oft mit offenem Mund da, so kann es bedeuten, dass die Nase verstopft ist. Mit verstopfter Nase lässt sich nur sehr schlecht und unter größten Mühen Flöte spielen. Das sollte jeder Erwachsene einmal ausprobiert haben! Oder die Feinmotorik ist noch nicht so weit entwickelt, dass das Kind die Löcher findet. Oder der Tastsinn ist eingeschränkt, dann kann man die Löcher nicht fühlen. Alles dies sind Hinweise auf Hemmnisse, die eine gesunde Entwicklung behindern. Die Aufgabe des Lehrers ist, die Steine, die der gesunden Entwicklung des Kindes im Weg liegen, zu erkennen und wenn möglich bei der Beseitigung Hilfestellung leisten.

Ein Kind, das die Flöte vehement ablehnt, kann vielleicht erst einmal Kinderharfe oder Glockenspiel spielen, bis die Atemstörungen behoben sind. Es könnte sogar sein, dass die anderen Instrumente dabei helfen. Jedes Kind sollte die Möglichkeit bekommen, ein Instrument – aus welchem Grund auch immer – abzulehnen. Das ist eigentlich eine Selbstverständlichkeit, aber gerade an Waldorfschulen hält sich die Meinung hartnäckig, dass immer alle alles machen sollten. Diese Forderung hat besonders beim Flötenspiel schon viel Leid und unnötige Auseinandersetzungen hervorgerufen.

Auch ich habe viele Jahre gebraucht, um die Gründe für die Abneigung mancher Kinder gegen die Flöte herauszufinden. Das ständige Vergessen der Flöte kann ein erstes Anzeichen sein. Für manche Kinder ist es eine Tortur, dann mit einer geliehenen Flöte, mit der alle Kinder spielen müssen, die ihr Instrument vergessen haben, spielen zu müssen. Es ist ratsam, in jedem Fall all die Anzeichen ernst zu nehmen und ihnen nachzugehen. Es sollte hier – wie immer – die Maxime sein, die Kinder in ihren Äußerungen ernst zu nehmen! Wie soll eine Seele frei schwingen lernen, wenn ihr von Anfang an die Flügel gestutzt werden?

Die Stimme

Die Stimme ist das persönlichste *Instrument*, das es gibt, deshalb kommt ihr eine besondere Bedeutung zu. So nimmt, neben den geometrischen Übungen und dem Spielen der Melodie-Instrumente, das Singen einen breiten Raum ein. Außer den Musikstunden gab es in unserer Schule die gemeinsame Singstunde der ersten drei Klassen, in der jeden Montag Morgen zu Beginn des jeweiligen Unterrichtes etwa eine halbe Stunde miteinander gesungen wurde. Hier wurde ein gemeinsames Liedrepertoire angelegt. Die Jüngeren lernten von den Größeren und fanden sich auf diese Weise selbstverständlich in die Art des Singens herein. In den Musikstunden konnte man dann auf diese Lieder zurückgreifen und sich auch für den freien Umgang mit der Stimme Zeit nehmen.

Viele Spiele und Übungen entstanden, um sich möglichst früh mit der eigenen Stimme vertraut zu machen. Das Spiel, das die Kinder am meisten lieben, ist: das Stimmenraten.

Übung: «Bienenkorb» – Stimmenraten

Die Kinder sitzen im Kreis, zu Beginn wandert der Lehrer mit einem Kind, das die Augen geschlossen hat, um den Kreis herum. Die sitzenden Kinder summen, was ihnen gerade einfällt, so wie Kinder summen, wenn sie glauben, sie seien allein. Da wandert die Stimme mal nach oben, mal nach unten, fast träumerisch. Die Abmachung ist: Es werden keine Lieder gesungen. Wer das einmal versucht hat, wird merken, dass die Stimmen sofort eine andere Struktur bekommen, sobald ein bekanntes Lied gesungen wird. Singen die Kinder ganz frei, so behalten die Stimmen ihre Weichheit und Eigenheit. Das ist auch eine gute Einstiegsübung ins freie Singen überhaupt. Je früher man mit den freien Übungen beginnt, desto selbstverständlicher werden sie in den späteren Jahren. Wenn nun alle summen und es so ähnlich klingt wie in einem Bienenkorb, dann bleibt das wandernde Kind hinter einem anderen stehen. Alle anderen hören auf zu summen, nur das Kind, hinter dem man steht – man kann auch eine Hand auf die Schulter legen – summt allein weiter. Das Kind, das die Augen noch immer geschlossen hat, versucht nun, herauszuhören, welches Kind da vor ihm summt. Wenn das Kind erraten wird, geht dieses nun mit geschlossenen Augen, geführt entweder vom Erwachsenen oder von dem Kind, das es geraten hat, und der Kreis beginnt wieder zu summen.

In dieser Übung sollte kein sportlicher Ehrgeiz entstehen. Es kommt nicht darauf an, so schnell wie möglich zu raten, wer da vor einem summt, sondern in Ruhe und mit Zeit sich in die Stimme des Summenden einzuhören. Hören braucht immer viel Zeit! Es geht um das Einhören – das Raten ist fast zweitrangig. Obwohl natürlich auch hier wieder das Erlebnis: *Ich werde erkannt!* eine große Rolle spielt.

Variante

In unserer Klasse gab es einen kleinen abgeteilten Garderobenbereich, der mit einem Vorhang geschlossen werden konnte. Dieser Raum diente nun dazu, dass sich z.B. drei Kinder hinter den Vorhang begaben. Die drei Kinder mussten sich nun einigen, wer zuerst vorsummt, und alle anderen durften herausfinden, welche Stimme zu welchem Kind gehörte.

Da konnte ich oft staunen, wie leicht die Kinder sich selber untereinander erkannten, während ich oft länger brauchte, um die entsprechende Stimme zu erkennen. Zumal die Stimmen der Jungen und Mädchen bis etwa zum 8./9. Lebensjahr noch kaum zu unterscheiden sind. Weil hier das Raten für die Kinder im Vordergrund stand, bildete das freie Summen keine Hürde für die Kinder und wurde auf diese Weise zur Selbstverständlichkeit. Eine weitere Hilfe war natürlich, dass sie nicht gesehen wurden.

Durch diese Übung ermutigt, sangen die Kinder nun auch im Unterricht die gelernten Lieder vor. (Dieser Mut reicht meist noch bis in die sechste Klasse, in der es dann selten für jemanden ein Problem ist, allein vorzusingen.)

Die letztgenannten Übungen können natürlich auch im Hauptunterricht stattfinden, sie sind keineswegs auf den Musikunterricht beschränkt. Auch die geometrischen Übungen sind zur Einführung der Zahlen und zum Erleben ihrer Qualitäten im Klassenraum durchführbar und eine wunderbare Ergänzung zu allen bildhaften Darstellungen. Wenn man das freie Singen oder Summen anregen will, helfen Bewegungsaufgaben besonders gut, die Scheu vor dem Summen zu überwinden.

Übung: Nachfolgen

Ein Kind summt und ein anderes Kind folgt ihm mit geschlossenen Augen. Beide wandern durch den Raum, das *blinde* Kind hört den Weg, auf dem es dem summenden Kind folgt. Anfangs ist es auch eine Hilfe, wenn die Kinder näheren Kontakt haben. Sie können z.B. zwei Stäbe zwischen sich tragen, entweder Eurythmiestäbe oder einfache Bambusstäbe.

Variante

Führen und Folgen ohne zu summen, indem man auf den Weg lauscht, den derjenige vorgibt, dem man folgen soll; es ist in jedem Fall gut, die Übung so zu beginnen. Die Zeit sollte einem nie zu lang sein, dieses lauschende Gehen zu üben.

In den ersten Schuljahren zeigt es sich, wie hilfreich es ist, die Körpersinne (siehe Auer 2007) auch im Unterricht – und zwar in jedem Unterricht – immer wieder zu schulen. Keine Gelegenheit sollte ausgelassen werden, in der wenigen Zeit, die man mit den Kindern zur Verfügung hat, immer mehrere Sinne gleichzeitig zu üben. Das Hören steht im Mittelpunkt, aber den Gleichgewichtssinn mit zu üben, bietet sich an. Dafür braucht es nur einen Balancierbalken im Raum. (Er passt auch in jeden Klassenraum.)

Balancieren – Hören – Spielen

Kinder gehen über einen Balken und spielen dabei ein Instrument, z.B. eine Triangel oder Zimbel, etc.

Ein Instrument, bei dem man beide Hände gebrauchen muss, ist viel einfacher zu handhaben, so behält man auch mit Hilfe der Arme das Gleichgewicht. (In der vierten Klasse können Kinder auch schon mit ihrer Flöte über den Balken balancieren.) Wenn es sich darum handelt, den Körper als das zu entdeckende Instrument spielbar zu machen, dann gehört das Halten des Gleichgewichtes auch dazu.

Das Gleichgewichtsorgan liegt im Ohr und besteht aus drei bogenförmigen Röhrchen, die in den drei Raumesrichtungen angeordnet sind: waa-

Mit Zimbeln über den Balken

gerecht das eine und senkrecht die anderen beiden. Das Hörorgan vermittelt uns gleichzeitig immer die Richtung, aus der ein Schall kommt. Das funktioniert aber nur, wenn beide Ohren gesund sind. Arbeitet nur noch das eine, so ist die Orientierung im Raum erheblich gestört.

Da meine Klasse vierzig Kinder umfasste und das Einführen der Flöte mit so vielen Kindern akustisch eine Herausforderung war, durften immer zehn Kinder balancieren, während ich mit den anderen Flöte übte. Der Balancierbalken stand hinten im Klassenraum, so dass ich sowohl die flö-

Er wird es schaffen!

tenden Kinder als auch die balancierenden Kinder sehen konnte. Jeden Tag wechselten die zehn. Mit dreißig Kindern war es schon einfacher und die balancierenden Kinder hörten alles, während sie fleißig übten, sicher über den Balken zu gehen. So war es für diese Kinder kein Problem, am nächsten Tag wieder in den gemeinsamen Übprozess einzusteigen.

Wir wissen von blinden Menschen, dass sie andere Sinne verstärkt ausbilden müssen, um das fehlende Sehen zu kompensieren. Dem Hören wächst dann eine besondere Aufgabe zu. Aus vielen Berichten können wir erfahren, wie der Hörsinn über das gewöhnliche Maß hinaus gesteigert werden kann. Sehr zu empfehlen ist das Buch *Im Dunkeln sehen* von John Hull, einem spät erblindeten Hochschullehrer aus England. Er beschreibt auf eindrückliche Weise, wie die Steigerung des Hörsinnes ihm eine vorher nicht beachtete Welt erschließt: den akustischen Raum, den er als Erblindeter nun ganz neu wahrnehmen lernt:

Am Karsamstag saß ich im Cannon Hill Park, während die Kinder spielten. Ich hörte die Schritte von Vorübergehenden, viele unterschiedliche Schrittvarianten. Da war das dumpfe, klatschende Geräusch von Sandalen und der spitzere, feinere Ton von Schuhen mit hohen Absätzen. Da waren Gruppen von Menschen, die mit unterschiedlichen Schrittlängen nebeneinander hergingen, wodurch eine Art Trippeln entstand, das dann von einem Gehen mit festen, ausholenden Schritten oder vom schnellen Trab eines Joggers abgelöst wurde. Da waren Kinder, die in kleinen Hopsern umherliefen und stehen blieben und auf quietschende Dreiräder und Roller hinauf- oder von ihnen herunter stiegen. Die Schritte kamen von beiden Seiten. Sie berührten und vermischten sich und trennten sich dann wieder. Von der nächsten Bank drangen das Rascheln einer Zeitung und das Murmeln eines Gesprächs zu mir herüber […] Das Seltsame daran war, dass es eine aus nichts als Handlung bestehende Welt war. Jeder Ton war ein Handlungsträger. Wo nichts geschah, da war Stille. Dann starb dieser kleine Teil der Welt […] Die akustische Welt ist eine Welt, in der Dinge zu existieren beginnen und wieder aufhören. Das geschieht so überraschend schnell […] Im Gegensatz dazu ist die sichtbare Welt dauerhaft und kontinuierlich […] Und die akustische Welt hat noch eine Eigenschaft: Sie bleibt gleich, wohin ich auch den Kopf drehe. Für die sichtbare Welt trifft das nicht zu. Sie verändert sich, sobald ich den Kopf drehe. Neue Gegenstände kommen in Sicht. Beim Blick in die eine Richtung bietet sich mir ein ganz anderes Bild als beim Blick in die andere Richtung. Bei Geräuschen ist das nicht so. Wenn ich den Kopf herum drehe, kommen keine neuen Geräusche dazu … Ich kann den Kopf auf die Brust sinken lassen; ich kann

TRAFFIC

mich weit zurück lehnen und das Gesicht gen Himmel richten. Dadurch ändert sich nur wenig. Vielleicht kommt es zu einer winzigen Abstufung, aber im Wesentlichen ist die akustische Welt unabhängig von meiner Bewegung. Das verstärkt mein Gefühl von Passivität. Ich brauche keine Gegenstände ausfindig zu machen oder mir durch eigene Anstrengung neue Bereiche der Welt erobern, indem ich den Blick hierhin und dorthin richte. Stattdessen gibt es in der akustischen Welt etwas, das meinen Versuchen, in es einzudringen, ziemlich gleichgültig gegenübersteht. Sie ist eine Welt, die ich nicht aussperren kann, die überall um mich herum weitergeht und die ihr eigenes Leben führt [...] Der akustische Raum ist eine Welt der Offenbarungen (Hull 1990, S. 98 ff).

So sind alle Übungen, in denen auf das Sehen verzichtet wird, auch für Sehende eine Bereicherung ihres Lebensgefühls und fördern die Achtsamkeit im Hören. Das haben wir uns immer wieder zunutze gemacht und die so genannten Blindspiele ausgiebig in allen acht Klassen geübt (und natürlich auch im Lehrerkollegium). Diese Übungen gehen vor allem auf Pär Ahlbom, Musiker und Pädagoge an der Waldorfschule Solvik in Järna, (Schweden) zurück, der nie müde wurde, die Wichtigkeit dieser Schulung hervorzuheben.

Die Blindspiele sind im Übkanon zur Ausbildung des Hörens zu einer festen Größe geworden. Das Richtungshören ist eine Komponente, die dabei geübt werden kann. Ebenso wichtig ist das Vertrauen in den Raum, der hinter einem, im Rücken liegt, das sich bei dem Übenden bildet. Denn in dem Augenblick, in dem man die Augen schließt, richtet sich das Bewusstsein nach hinten.

In meinem Rücken atmet die Welt, dieses Zitat aus dem zu Anfang bereits erwähnten Gedicht *Im Rücken* von Rose Ausländer (Ausländer 1996, S. 50) weist auf den für das Hören so bedeutungsvollen Raum hin. Wir sehen nach vorn, wir hören nach hinten. Wird der Raum im Rücken, den wir so wenig im Bewusstsein haben, ein Teil unseres wachen Lebens, dann steigert sich das Hören in erheblichen Maße. Ich kann die Welt tatsächlich in meinem Rücken wahrnehmen oder den Atem der Welt im Rücken fühlen. Das ist keine schöne Metapher, das ist Realität, die sich allerdings erst im Üben erschließt. Gehe ich mit geschlossenen Augen, so wird auch die Aufmerksamkeit auf die Füße verstärkt. Ich muss die Art, wie ich gehe, verändern, damit das Hören bewusst werden kann. In dieser Verbindung zwischen Hören und Gehen liegt ein Schlüssel, der das Hören öffnen kann.

Übung im Kreis

Alle Kinder stehen im Kreis – im Sommer am besten draußen barfuß – der Lehrer ruft ein Kind zu sich und es kommt mit geschlossenen Augen auf ihn zu. Je größer der Kreis ist, desto länger ist der Weg und desto stärker die Spannung. Bieten die Umstehenden so viel Sicherheit durch ihre Aufmerksamkeit, dass der Gerufene der Stimme vertrauen kann und er seinen Weg unbeirrt gehen kann, so gibt es einen enormen Zuwachs an Selbstvertrauen. Im wahrsten Sinn des Wortes *stärkt es den Rücken.* Die Sprache verrät uns viele offenbare Geheimnisse, wenn wir auf sie zu hören vermögen.

Das Kind, das sein Ziel erreicht hat, ruft das nächste. Solche Übungen gehören natürlich nicht nur in den Musikunterricht, doch die Sensibilisierung des Rückens hat große Auswirkungen auf unser Hören, deshalb dürfen sie auch hier geübt werden. Durch das Hören erschließt sich der hintere Raum. Die Gelegenheit dies zu beobachten bietet auch die nächste einfache Übung:

Übung: «Mit dem Rücken hören»

Man bewegt sich eine Weile bewusst vorwärts und dann eine längere Zeit rückwärts. Geschieht das in einer Gruppe, so kann man allein am Tempo der Bewegung mit geschlossenen Augen hören, welche Richtung gerade eingeschlagen wird. Nach vorn kann man sich immer schneller bewegen, sicherer, zielgerichteter und auch immer etwas lauter. Beim Rückwärtsgehen (die Augen dürfen dabei kurz geöffnet werden) wird man langsamer, vorsichtiger, behutsamer. Hierbei ist es wichtig, dass das Nach-hinten-Gehen auch wirklich vom Rücken oder vom Hören geführt wird, das heißt: man darf sich nicht dauernd umdrehen oder über die Schulter spähen. Das Hören wird zu einer Art innerem Tasten. Eine kurze Berührung der Rücken schafft Orientierung im Raum. Meistens treffen sich alle in der Mitte, rücken zeitweilig eng zusammen. Dann streben die Laufenden wieder auseinander, vereinzeln sich, das Tempo steigert sich, fast entsteht eine Hast im Raum.

Das Sehen hat in unserer heutigen Kultur gewöhnlich die Vorherrschaft. Würde das Hören die gleiche Wertigkeit bekommen, dann wäre das Zusammenrücken unter den Menschen ganz selbstverständlich. Sogar Berührungen würden auch unter Fremden wieder etwas Normales werden. Es hätte gar nichts Anrüchiges, wäre völlig wertfrei, es diente lediglich der Bestätigung, dass man nicht allein auf der Welt ist – dass man umgeben ist von Gleichgesinnten, nämlich von Hörenden.

Wer einmal in einem *Café im Dunkeln* war (einem von Blinden geführten Café, in dem es stockdunkel ist), der weiß, wie wohltuend Berührungen sein können. Die Existenz anderer ist eine beruhigende Tatsache, derer man sich gern immer wieder versichert.

J. E. Berendt beschreibt, wie er während eines dreitägigen Workshops mit elf anderen Teilnehmern mit verbundenen Augen zusammengelebt hat, wie schnell sie einander näher gekommen sind und tiefe Verbindungen entstehen konnten (Berendt 1996, S. 348).

Übung: «Blindspiele»

Zwei Kinder haben die Augen geschlossen und stehen in der Mitte. Alle anderen Kinder stehen im Kreis um sie herum und *bewachen* sie. Sie tragen die Verantwortung dafür, dass sich keiner verletzt. Eines der Kinder, die die Augen geschlossen haben, hat ein Instrument und bewegt sich damit im Raum, das zweite Kind sucht es.

Bei dieser Übung sollen nicht die Augen verbunden werden! Die Kinder dürfen selber entscheiden, wann sie es schaffen, die Augen während der ganzen Übung geschlossen zu halten und wann es für ihre Sicherheit nötig ist, ein wenig zu blinzeln.

Hier lernt man die Großzügigkeit der Kinder kennen. Alle wissen, wer blinzelt und wer nicht, aber es wird nicht gepetzt, darüber wird geschwiegen. Das konnte ich einmal in einer sechsten Klasse erleben, als es einem Jungen, der die ganzen Jahre hindurch immer geblinzelt hatte, erstmalig gelang, die Augen geschlossen zu halten. Am Ende der Übung klatschte die ganze Klasse! Ohne Worte war klar: alle hatten es vorher gemerkt und alle hatten jetzt den Sieg erlebt. Das Strahlen des Jungen und aller Mitschüler war Lohn für die vielen Mühen vorher.

Das Blinzeln ist kein Anzeichen dafür, dass nicht gehört wird, aus welcher Richtung der Klang kommt. Wer das nicht hört, merkt es meistens gar nicht und tappt irgendwo im Raum herum. Diejenigen, die blinzeln, haben oft Angst. Meistens gehen sie geduckt oder machen eigenartige Bewegungen. Die Art, wie die Kinder sich bewegen, ist oft ein Spiegel davon, wie viel Vertrauen sie schon in ihr Hören entwickelt haben, ob sie sich schon auf ihr Hören verlassen können oder sich mit Hilfe der Augen immer wieder vergewissern müssen, dass sie in Sicherheit sind.

In unserem Musikraum hatten wir einen Teppich. Ein Mädchen sagte nach dieser Übung, sie habe immer Angst gehabt, vom Teppich zu fallen. Man sollte diese kindlichen Ängste immer ernst nehmen. Sobald man darüber lacht, fühlen sich die Kinder nicht ernst genommen und sprechen auch nicht mehr über ihre Ängste. Jede musikalische Äußerung ist eine Preisgabe des Innersten. Das kann ich aber nur offenbaren, wenn ich das Vertrauen haben kann, dass dieses Offene auch geschützt wird. Ein Kind, das in Sicherheit die Augen schließen kann, geht mit ausgebreiteten Armen, in aufrechter Haltung.

Variation

Um den Blindspielen eine neue Nuance zu geben, können diejenigen, die sich gefunden haben, die Augen weiterhin geschlossen halten und tasten sich gegenseitig vorsichtig das Gesicht ab. Wer ist es, der da vor mir steht? Es nützt nichts, die Hosenbeine abzutasten, wie ich es bei manchen Kindern, die sich nicht berühren mochten, erlebt habe. Ist die erste Scheu überwunden, dann entsteht eine intensive Lausch-Stimmung im Raum. Tasten ist wie liebevolles Hören.

Übung: Führen und Folgen

Jeweils zwei Kinder gehen miteinander durch das Schulhaus. Das eine hat die Augen geschlossen, das andere führt. Auf Wanderungen bei der Klassenfahrt kann die Übung auch einmal über unwegsame Strecken führen. Sinnvoll ist es, auch einmal in der Turnhalle, dem Sportplatz oder der Schulwiese mit viel Platz zu üben.

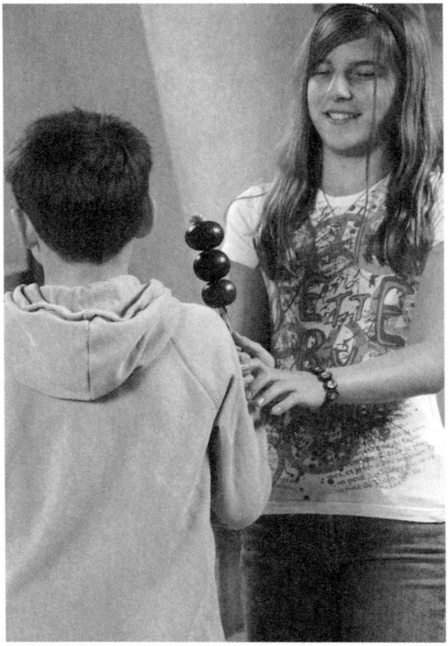

Wer ist es, der mich gefunden hat?

Abtasten beim Blindspiel

Variante 1

Ein Kind hat eine Rassel oder ähnliches und führt ein anderes Kind, das die Augen geschlossen hat, mit diesem Klang durch den Raum. Das erste Kind hat dabei die Augen geöffnet. Es geht hier nicht darum, sich zu finden, sondern dem Klang zu folgen, ihm zu vertrauen. Das Hören wird zu einer vertrauensbildenden Maßnahme und es ist eine weitere Übung, die Füße zu sensibilisieren.

Variante 2

Ein zweites Paar mit einem anderen Klang kann sich dazu gesellen. Diejenigen, die die Augen geöffnet haben, achten darauf, dass sich keiner stößt. (In der sechsten oder auch in der siebten Klasse kann das noch gesteigert werden, indem drei Paare durch den Raum gehen und sich mit unterschiedlichen Klängen führen.)

Die Blindspiele habe ich schon in der ersten Klasse eingeführt, obwohl sie in der dritten und vierten Klasse (und aufwärts bis zu den Erwachsenen) erst so richtig ihren Platz haben. Ich hielt es für gut, die Kinder an manche Übungen früh zu gewöhnen, denn dann sind sie im richtigen Alter eine *normale Angelegenheit*. Gerade die jungen Kinder – bis etwas zum 9. Lebensjahr – können die Augen noch nicht über einen längeren Zeitraum geschlossen halten. Herrlich ist es zu sehen, wenn sie ihre Kameraden mit geöffneten Augen suchen, dabei aber so gehen, als seien sie *blind*. Das Richtungshören schafft Orientierung im Raum, deshalb ist es gut, mit der Übung so früh wie möglich zu beginnen. Üben heißt nicht, etwas zu können – es heißt, sich auf den Weg machen!

Es wäre schön, wenn *Schule* bedeuten würde, dass *alle* sich auf den Weg machen, und zwar wirklich alle: Groß und Klein!

Um das Hören zu intensivieren sind alle Übungen gut, die ohne Blickkontakt gemacht werden. Alles, was von hinten – aus dem nicht sichtbaren Raum – kommt, verstärkt die Aufmerksamkeit.

Wie die wohl klingen?

Übung: Spiel mit Steinen

Jedes Kind hat zwei Steine in den Händen. Alle Kinder stehen im Kreis, mit dem Rücken der Kreismitte zugewandt. Ein Dirigent ist in der Mitte und berührt den Rücken eines Kindes, dieses spielt mit seinen Steinen. Es soll eine Korrespondenz zwischen der Berührung und dem Klang entstehen. Wird über den Rücken gestrichen, so streichen die Steine auch aneinander, wird zart getippt, so klingen die Steine entsprechend.

Achtung: nie auf den Rücken schlagen, auch nicht, wenn ein lauter Klang gespielt werden soll.

Unbedingt vorher mit den Kindern darüber sprechen, nicht erst, nachdem das Unglück geschehen ist. Der Rücken ist eines unserer empfindlichsten Körperteile!

Variante 1

Die Kinder stehen sich in zwei Reihen gegenüber und zwei Dirigenten *spielen* auf den Rücken ihrer Gruppe.

Übung: «Orchester der Steine»

Jedes Kind hat zwei Steine (die Augen sind geöffnet) und ein Dirigent führt die Klanggruppe.

Vorher getroffene Verabredungen legen Zeichen für das daraus folgende Spiel fest. Z.B.:

Dirigent: Die Finger beider Hände bewegen sich ganz leicht – Kinder: die Steine antworten mit leisem Klopfen. Die Hände heben sich nach oben, der Klang der Steine wird heftiger. Die Hände verschwinden hinter dem Rücken, die Steine werden gar nicht mehr gespielt. Die Hände reiben aneinander, die Steine tun das gleiche. So kann man das *Orchester der Steine* so lange dirigieren, bis ein kleines Werk entstanden ist, der Dirigent abtritt und einen neuen *Orchesterleiter* bestimmt.

Hierbei können die Kinder direkt erleben: Das, was ich zeige, wird sofort in Klang verwandelt. Der Klangkörper besteht nicht mehr aus dem eigenen Körper, sondern aus den anderen, die mir gegenüberstehen. Sie tun, was ich zeige – es klingt, wenn ich meine Hände unterschiedlich bewege. Was ich tue, hat Folgen!

Variante 1

Zwei Dirigenten leiten zwei sich gegenüber stehende Gruppen. Es entsteht durch Spielen und Reagieren der Gruppen eine Frage-Antwort-Situation.

Variante 2

Die zwei Gruppen haben verschieden Klanginstrumente, beispielsweise Hölzer und Steine.

Das Zwischenspiel übernimmt eine Flöte (oder auch eine Flötengruppe).

Die Aufgabe kann z. B. so lauten: Die Hölzer beginnen, dann spielt ein

Kind eine freie Melodie auf der Flöte, dann folgen die Steine. Oder: Die Flöte beginnt, dann spielen die Steine, dann spielt eine andere Flöte und zum Schluss spielen die Hölzer.

Sobald solche Arrangements von den Kindern erkannt werden, melden sich die ersten und haben Vorschläge für eine neue Klangkombination.

Der Forschergeist im Hören wird zum Boden für weitere Entdecker- und Lernlust. Von der ersten Klasse an gilt es, dieses Potenzial, mit dem wir alle zur Welt gekommen sind, wahrzunehmen und sein Wachstum zu ermöglichen. Wir sind aus den Kräften der Musik geboren, in jedem von uns leben große Ressourcen, die es zu entdecken gilt. Oder wie es Gunter Kreutz beschreibt: *Jeder Mensch ist vom genetischen Standpunkt musikalisch* (Kreutz 2009). Aber ohne die entsprechende Förderung bleibt diese Begabung im Verborgenen.

Die Erde ist des Herrn

Text: Psalm 24
Musik: Reinhild Brass

Klasse 3

Zeit der Übergänge

Das dritte Schuljahr ist eine Zeit der Übergänge. Die Kinder erwachen immer mehr für ihre Umgebung und nehmen sie oft sogar kritisch *unter die Lupe*. Jungen und Mädchen entdecken, dass es ratsam ist, die gegenseitige Nähe zu meiden. Die Singstimmen individualisieren sich erstmalig so, dass ihre eigene Prägung hörbar wird. Auch wenn die Jungen im Sopran singen, erscheint der einzigartige, metallische Glanz der Knabenstimme.

Der Lehrer wird aus dem Abstand wahrgenommen, sein Aussehen und seine Kleidung werden mit Interesse begutachtet und beurteilt. Die Erwachsenen werden erstmalig *doof* genannt, wenn auch zum Glück noch nicht durchgängig wie in der Pubertät. Diese ersten Stimmungsschwankungen machen das Schulleben in dieser Jahrgangsstufe nicht immer leicht; das Tor der Pubertät ist schon etwas aufgestoßen, aber die Kinder müssen noch nicht hindurch gehen. Sie können schon ein wenig hindurch schauen, ein bisschen auf der Schwelle hin und her laufen, aber sie kommen doch gern wieder ins Kinderzimmer zurück.

Eine herrliche Szene, die diese Freude daran, auf der Schwelle zu sein, verdeutlicht, sei hier eingefügt.

Es war im Sommer in Tokio, das Klima ist im August dort fast unerträglich heiß und die Kaufhäuser sind eisgekühlt. Wenn man das Kaufhaus betreten will, öffnen sich die Türen automatisch, man tritt über eine breite Schwelle in die Kühle des Geschäftes. Zwei etwa achtjährige Jungen sprangen nun dauernd in den Laden hinein und aus dem Laden heraus, freuten sich an diesem Schwellenübergang und meinten, das sei doch das Schönste, wenn es erst kalt und dann wieder heiß werde. Die Lust an dem Dazwischen-Sein verkörperten diese Jungen in ihrem Spiel auf anschauliche Weise. Es war so bezeichnend, wie sie ihre eigene Entwicklungssituation in dem Spiel offenbarten und dies voller Begeisterung wieder und wieder machten. Diese Begebenheit zeigt die Situation eines Drittklässlers ziemlich exakt: Das Bewusstsein erwacht, aber man darf noch eine Weile weiter spielen.

Nicht immer ist es auf dieser Schwelle so lustig wie bei den beiden Geschilderten. Die Kindern erleben hier auch viel Trauer und Verzweiflung. Sie fühlen, dass die Zeit des unbeschwerten Kind-Seins zu Ende geht, aber sehen das neue Ufer noch nicht. In Statistiken über Suizide sieht man in dem Alter zwischen 9 und 10 Jahren eine plötzlich ansteigende Kurve. Viele Eltern erzählen irritiert, dass ihr Kind von einem Tag auf den anderen seine Zimmertür verschließt. Für das Kind beginnt eine Zeit der Verunsicherung (und manchmal dadurch für die Erwachsenen auch).

Christy Brown beschreibt in seiner Autobiographie *Mein linker Fuß* diesen Übergang als besonders schmerzvoll. Er war als spastisch gelähmtes Kind in eine große Geschwisterrunde hineingeboren, in der er ganz selbstverständlich genauso akzeptiert war wie alle anderen auch.

«Ich war glücklich. Ich schaute in die Welt hinaus und nahm alles wahr, nur nicht mich selber» (Brown 1970, S. 49). Im Alter von zehn Jahren sah er auf einmal in einem Spiegel seine Gestalt. *«Ich hatte schon vorher in den Spiegel gesehen, aber, da ich nicht wusste, worauf ich hätte achten sollen, hatte ich nichts Absonderliches entdeckt. Wenn ich jedoch jetzt in einen Spiegel blickte, schielte mich jedes Mal das gleiche groteske Gesicht an. Eines Tages kletterte ich weinend auf mein Bett, streckte meinen linken Fuß aus, riss den kleinen Spiegel, der an der Wand hing, von seinem Nagel und warf ihn auf den Fußboden»* (S.52). *«Ich war genau zehn Jahre alt, ein Knabe, der nicht gehen, nicht sprechen, nicht essen, sich nicht selber ankleiden konnte. Ich war hilflos, aber erst jetzt begann ich, mir darüber klar zu werden, wie hilflos ich war […] Meine Welt war aus den Fugen geraten. Ich hatte den Boden unter den Füßen verloren»* (S.50).

In dieser Lebenslage, in der vieles aus den Fugen gerät und sich verändert, können die geometrischen Übungen einen sicheren Boden bilden. Sie nehmen immer noch einen weiten Raum im Unterricht ein. Es können jetzt kompliziertere Formverwandlungen geübt werden.

Übung: Das Fünfeck

Fünf Kinder stehen mit kleinen Gongs (oder Handspielen) auf den fünf Eckpunkten. Auf einen Impulsklang, der von einer Zimbel kommen kann, bewegen sie sich nacheinander auf den *äußeren Seiten* des Fünfecks von einem Eckpunkt zum nächsten. Wieder helfen Platzhalter, die Eckpunkte während der Bewegung nicht zu verlieren. Diese haben Instrumente, wie Klappern, Rasseln, Hölzer, sind also eine gemischte Klanggruppe. Damit laufen sie nun die *inneren Wege* eines Fünfecks, das heißt, es wird immer ein Platz übersprungen – was schon mehr Konzentration verlangt. Alle Übungen können sowohl rechts als auch links herum gemacht werden, gerade der Wechsel bringt die Spannung. Es sollten aber nur so viele Aufgaben verteilt werden, wie der Anleitende selber behalten kann. Zu jedem neuen Weg gehört ein neuer Klang, der die Bewegung impulsiert.

Variante 1

Zu den fünf Kindern und den Platzhaltern kommt eine dritte Gruppe dazu. Diese Kinder spielen Steine, sie dürfen sich zur Flöte frei im Raum bewegen. Die Gruppen wechseln sich mit der Bewegung ab. Die Reihenfolge der Wechsel der Gruppen kann einmal sehr gleichmäßig und dann aber auch völlig unregelmäßig geschehen. Es ist gut abzuspüren, was im Moment das Beste für die Kinder ist. Sind sie sehr unruhig, empfiehlt sich eine regelmäßige Folge, sind sie schläfrig, kann es wohl tun, die Folgen ganz frei zu gestalten.

Variante 2

Hat man eine halbe Klasse, so können alle Kinder eine Aufgabe bekommen, was auch einmal sehr reizvoll sein kann. Man sollte darauf achten, dass die Gruppen sich sukzessive dazu gesellen, damit die Zeit der Organisation möglichst gering gehalten werden kann.

Am Anfang meiner Unterrichtstätigkeit wollte ich gern einmal, dass alle Kinder gleichzeitig mitspielen und war schließlich so lange mit der Organisation und Aufstellung beschäftigt, dass für das Spielen nicht mehr viel Zeit übrig blieb. Jeder, der mit solchen oder ähnlichen Übungen anfängt, wird sein Lehrgeld zahlen, auch der Lehrer darf üben und Erfahrungen sammeln! Die Instrumente, die eingesetzt werden, sollten möglichst griffbereit liegen, damit es bald zum Klingen kommen kann. Es ist ja selbstverständlich, dass während des Unterrichtes nicht noch nach Instrumenten gesucht werden kann. Hier ist das Aus- und Einpacken nicht der wichtigste Bestandteil der Übung. Hier geht es darum, dass alles klingt und sich bewegt und dass der Wechsel ein ruhiges Schwingen wird, so dass die Atmung aller sich vertiefen kann. So kann sich über dem Spielen eine Stille ausbreiten, an der man beobachten kann, dass Stille nicht Abwesenheit von Klang bedeuten muss.

Alle Übungen im Kreis, im Dreieck und Viereck können beliebig wiederholt werden. Inzwischen sollten die Kinder in der Lage sein, die Spielanordnungen in gewissem Rahmen auch einmal selber zu geben.

Ein neuer Einschlag der Übungen bringt für die Kinder die Möglichkeit – bei allen Bedenken, sich neben einen Angehörigen des anderen Geschlechtes zu setzen – die Neigung zur Begegnung mit dem anderen Geschlecht nun auch ausleben können. Mit dieser Widersprüchlichkeit muss man als Erwachsener, der mit Kindern in diesem Alter arbeitet, leben lernen.

Übung: Das Achteck

Acht Kinder stehen im Achteck. Vier von ihnen haben je ein kleines Becken (Durchmesser ca. 12 cm), diese stehen sich gegenüber. Im Viereck, das dazwischen steht, stehen die vier Kinder mit jeweils einer Zimbel, so dass immer ein Paar mit Zimbeln, ein Paar mit Becken sich gegenüberstehen. Die Paare bestehen jeweils aus einem Mädchen und einem Jungen. Auf den Impulsklang einer Bordunleier laufen die ersten zwei Zimbelspieler aufeinander zu, treffen sich in der Mitte, lassen ihre Zimbeln zusammenklingen und wechseln auf den Platz des Gegenübers. Dann folgen auf eine anders gestimmte Bordunleier die beiden Beckenspieler. Sie treffen sich in der Mitte, lassen die Becken aneinander klingen und wechseln auf den Platz des anderen. So wechselt immer der Klang zweier Zimbeln und zweier Becken. Als derjenige, der das Tempo der Gruppe durch den Klang von außen führt, kann der Lehrer nun eine dynamische Bewegung initiieren. Es beginnt sehr langsam und wird allmählich schneller, und wieder langsamer. (Ein Jahr später können die Kinder diese dynamische Veränderung des Tempos ohne Impulsklang von außen selber entstehen lassen.)

Kleine Becken (Schmiede Manfred Bleffert)

Begegnung mit kleinen Becken

Treffen der Zimbeln

Besonders die Jungen lieben dieses Aufeinander-zu-Gehen, vor allem mit den etwas tieferen Klängen der kleinen Becken. Diese Art Kampf, das *Kräftemessen* auf musikalischer Ebene, weckt die Lebensfreude. Die tieferen Klänge werden für die Jungen, je älter sie werden, immer wichtiger und auch notwendiger. Dafür müssen noch viel mehr entsprechende Instrumente entwickelt werden. Die musikpädagogischen Bedürfnisse von Jungen sollte man von nun an im Auge behalten!

Die Flöte

Das Flötenspiel kann, neben dem Spielen von Liedern, auch immer freie Elemente enthalten. Kleine Melodien können auch rückwärts gespielt werden. Es können zwei Kinder zusammen spielen, so dass sie aus einem Frage- und Antwort-Spiel in erstes zweistimmiges Spielen übergehen. Sehr wichtig sind alle Übungen, in denen das Gedächtnis trainiert wird. Ein Kind spielt eine Melodie, das Nachbarkind wiederholt. Dann spielt es eine neue Melodie, die vom nächsten Kind wiederholt wird. Hierbei soll das Kind, welches eine Melodie vorgibt, in der Lage sein, sie auch selber wiederholen zu können. Das schafft ein Maß, nach dem Motto: Was ich im Gedächtnis behalten kann, das kann mein Nachbar auch behalten, es wird nie zu lang. Hat ein Kind einmal eine Melodie erfunden, die es selber nicht nachspielen kann, wird es das beim nächsten Mal anders machen. Diese Verantwortung können die Kinder schon übernehmen, nicht irgendeine endlos daher trällernde Melodie zu spielen, sondern eine, die nachspielbar ist. Das Kind merkt: Spiele ich zu lang, so kann der Nachbar es nicht nachspielen. Das liegt nicht daran, dass er unfähig ist, sondern meine Vorgabe war nicht gut. Ich muss so handeln, dass der andere es kann. Das ist eine wichtige Lernstufe, um Verantwortung für das eigene Handeln zu übernehmen. Es geht nie darum, jemanden hereinzulegen, sondern so zu spielen, dass der andere es leisten kann.

Übung: «Flötenorgel»

Sieben Kinder stehen in einer Reihe, jedes ist für einen Ton der Skala *verantwortlich*, d.h. das erste Kind spielt «d», das zweite «e», das dritte «g» usw. (Noch spielen die Kinder die pentatonische Flöte.) Zu Beginn dirigiert der Lehrer eine Melodie mit Tönen aus dieser *Flötenorgel*. Die Klasse oder ein einzelnes Kind wiederholen die Melodie. Wichtig ist, dass die Melodie, die nachgespielt werden soll, immer wiederholt wird. Zuerst soll Sicherheit entstehen, dann kann man steigern.

Variante

Diese Übung ist auch umkehrbar: Erst spielt die Gruppe, von einem Kind angeleitet oder vom Lehrer, es wird wiederholt, dann spielen die Kinder der *Flötenorgel* die Melodie nach, aber so, dass jeder nur seinen Ton ein-

LEGO

reiht. Hier könnte man auch dirigieren lassen, man kann es die Kinder aber auch allein finden lassen.

Statt der sieben Kinder, die jeweils einen Ton spielen, ist es manchmal leichter, wenn man Handspiele oder Gongs hat, die auf die Flöten abgestimmt sind. Da kann es nicht vorkommen, dass ein Kind *seinen* Ton vergisst und die Sache ins Stocken kommt. Für manche Kinder ist diese Visualisierung eine Hilfe. Jeder Ton wird von einem Kind gespielt: da geht manchem nun *ein Licht auf*. Er sieht die Skala, in der jedes Kind einen Ton verkörpert. So werden die Bewegungen zwischen den Tönen sichtbar.

In unserer Schule entwickelte es sich so, dass in der dritten Klasse ab Weihnachten die C-Flöten eingeführt wurden. Oft kamen die Kinder aus den Weihnachtsferien und konnten ihre ersten Weihnachtslieder darauf spielen. In den kommenden Monaten wurden die Kinder zu Weltmeistern im Flötenspiel, denn sie brachten es fertig, sowohl auf der pentatonischen als auch auf der diatonischen Flöte zu spielen. Das soll ein Erwachsener ihnen erst einmal nachmachen!

In der Singstunde, die wöchentlich für die ersten drei Klassen am Montagmorgen stattfand, spielten wir mit den *Kleinen* natürlich die pentatonische Flöte, im Unterricht wurde nun nur noch mit der C-Flöte gespielt.

Übung: Ostinato

Sehr beliebt war die *Ostinato-Übung*. Ich spielte ein kleines Ostinato, eine kurze, sich wiederholende Tonfolge, die Kinder stimmten ein und alle spielten es eine Weile. Dann wechselte ich in ein neues Ostinato und die Verabredung war, dass alle langsam und allmählich folgten. Aber nicht alle sofort, damit die erste Melodie nicht in einem Augenblick zusammenfiel, sondern für eine kleine Weile das Alte und das Neue gleichzeitig erklangen. Hier kann man gut beobachten, welches Kind schnell die neue Melodie erkennt und in sie *einschwenkt* und welches mit vollem Genuss die alte Melodie zum Schluss noch als einziges allein spielt.

Das entstandene Chaos war für manche Kinder ein Vergnügen. Während dieser Übung geschah es immer wieder, dass die Kinder zu dem Ostinato einen Text erfanden, so entstand ein neues Lied, das natürlich ins Repertoire aufgenommen wurde.

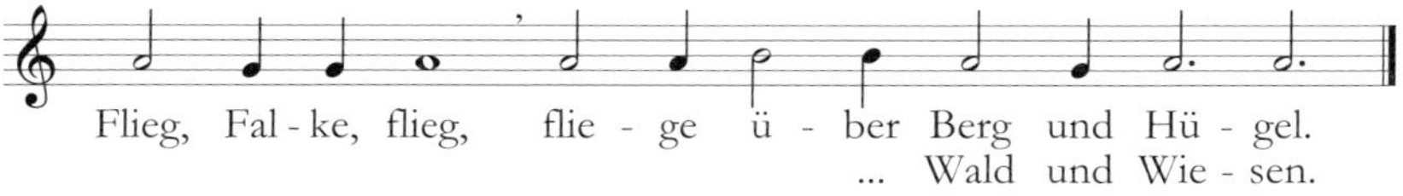

Die Strophen wurden immer aus dem Stegreif neu erfunden,
können endlos ergänzt werden.

Variante 1

Die erste Zweistimmigkeit: Eine Gruppe spielt einen Ton, die Mitglieder der Gruppe wechseln sich ab, so dass der Ton *steht*, mit den anderen spielt der Lehrer eine freie Melodie dazu.

Variante 2

Zwei Kinder spielen zusammen, das erste sucht sich seinen Ton (Nachatmen ist selbstverständlich erlaubt), das zweite spielt eine freie Melodie dazu.

Für jedes freie Spiel gibt es immer drei Regeln, die auf jeder Klassenstufe neu zum Einsatz kommen:

Achte auf den Anfang, spiele erst, wenn alle bereit sind!
Achte auf das Ende, spiele nicht zu lang!
Achte auf das Zusammenspiel, wie klingt es?

Von der Einstimmigkeit zur Zweistimmigkeit

Diese Übungen durchzuführen ist oft schwerer, als man meinen könnte. Denn der einmal gespielte Ton ist in der Welt, man kann ihn nicht mehr zurücknehmen, muss zu ihm stehen, kann nur noch das Beste daraus machen. In der dritten Klasse läuft das natürlich noch weitgehend unbewusst ab, aber je länger das freie Spiel geübt wird, desto deutlicher wird diese

Tatsache für jedes Kind. Auch ein Drittklässler kann üben, eine Melodie zu einem Ende zu bringen, er versteht genau, was es heißt, eine Melodie *in der Luft hängen zu lassen* oder sie zu einem sinnvollen Ende zu führen. Das Abbrechen ist nicht erlaubt. Auch hier wird Verantwortung geübt. Einen Ton in die Welt zu setzen ist keine Spielerei, Herumklimpern oder Trällern gibt es nicht.

Dies alles sind erste zweistimmige Übungen – die Einstimmigkeit ist aber immer noch die Stimmung, die überwiegt.

Sehr interessant war für mich zu beobachten, dass die Kinder mit ihrer C-Flöte in ihren freien Melodien nie auf «c» endeten, sondern bis in die fünfte Klasse hinein noch immer auf «d» oder «e», manchmal auch auf anderen Tönen. Daraus kann man vorsichtig schließen, dass das Erleben der spezifischen Schlussqualität des Grundtones in Dur sich erst langsam einstellt. (Verblüffend war es dann am Ende der fünften Klasse zu hören, dass die Kinder beim «c» angekommen waren. Alle freien Improvisationen endeten plötzlich auf «c»: Die Kinder waren auf der Erde angekommen!)

Erste Kanons wurden nun gesungen, die anfängliche Zweistimmigkeit konnten noch nicht immer alle durchzuhalten. Aber der Versuch zeigte deutlich, welches Kind schon in der Lage war, seine Stimme zu singen und die andere trotzdem zu hören. Manche Kinder hielten sich anfangs die Ohren zu, um die eigene Stimme nicht zu verlieren, andere schienen vollkommen unbeteiligt und sangen mal in der einen, mal in der anderen Stimme mit. Wie bei allen Neuerungen ist es hilfreich, nicht so lange auf der exakten Ausführung zu beharren, bis der letzte richtig mitsingt, das würde auch nicht zum Erfolg führen.

Es ist gut, das Neue immer einmal wieder zu versuchen, gleichsam anzutippen, mit der stillen Frage: *Wie weit bist du?* Denn es handelt sich um einen Entwicklungsvorgang, der in dem zweistimmigen Singen hörbar wird. Ist das Kind in der Lage, bei sich zu bleiben und die anderen trotzdem wahrzunehmen, diese Distanz zu schaffen und aufrecht zu erhalten? Es ist dieselbe Distanz, die auch zur Kritik, zum anfänglichen Urteilen befähigt. Sie ist eine Kraft, die sich nicht von heute auf morgen einstellt, sondern langsam heranbildet. Je vorsichtiger man diese Entwicklung als Lehrer beobachten und begleiten kann, desto stärker wird beim Kind das eigene Erleben, beispielsweise beim Singen eines Kanons. Wenn ein Kind diesen inneren Schritt selber getan hat und nicht vorzeitig zu etwas gedrängt wurde, dann kann das Erleben der Zweistimmigkeit wie ein Blitz des eigenen Erwachens einschlagen.

Bevor ein Lied als Kanon gesungen oder geflötet wird, sollte die Melodie sehr sicher gekonnt werden. Denn das Halten des Tempos ist eine neue Schwierigkeit, der wir hier begegnen. Lebten die Lieder der Quintenstimmung, der Einstimmigkeit, noch in einem recht freien rhythmischen Raum, so erscheint dieser nun durch die Gesetze des Miteinanders für das Kind eher einengend. Das Kind möchte immer noch gern seinen Freiraum gewahrt wissen, ehe es sich in die Welt der Erwachsenen einfügen lernt und sich dem Rhythmus, der von der Sache her vorgegeben ist, unterordnet. Das sollte liebevoll begleitet werden und nicht etwa durch ein zu frühes Insistieren auf einem präzisen Zeitablauf erzwungen werden. Hier kann man darauf vertrauen, dass alles zu seiner Zeit kommen wird. (In der vierten Klasse – schon ein Jahr später – ist das kaum noch ein Problem. In der sechsten Klasse kann man sich kaum noch daran erinnern, dass es mal eine unüberwindliche Hürde gab.)

Wir neigen in der Erziehung immer wieder dazu, in den Zwang der Verfrühung zu verfallen, anstatt den Kindern *ihre* Zeit zuzugestehen. Die meisten pädagogischen Probleme entstehen durch Verfrühung oder Verspätung. Und man muss ja eingestehen, dass die Entwicklung in einer Klasse sehr unterschiedlich verlaufen kann. Hier das richtige Maß zu finden, macht den Erziehungskünstler aus! Zum Glück muss der Lehrer nicht perfekt sein. Wenn er mit bestem Wissen und Gewissen unterrichtet und trotzdem Fehler macht, dann verzeihen es ihm die Kinder in der Regel immer. Auch der Lehrer wächst an seinem Scheitern!

Übung: «Kofferpacken»

Ein beliebtes Spiel ist gerade für Flötenspieler, die noch nicht über die volle Sicherheit verfügen, das *Kofferpacken*. (Dieses Spiel verdanke ich meinem damaligen Kollegen Thomas Pedroli.) Zu Beginn ist es ratsam nicht zu viele Kinder für das Spiel aufzurufen, sechs oder sieben Kinder sind anfangs genug.

Das erste Kind spielt einen Ton, die ganze Klasse wiederholt ihn, das zweite Kind spielt den ersten Ton und einen neuen dazu, die ganze Klasse wiederholt die zwei Töne. Das dritte Kind spielt die ersten zwei Töne und fügt seinen neuen dazu, die ganze Klasse wiederholt diese drei Töne, und so fort. Das Spiel kann so lange fortgesetzt werden, bis jemand die Tonfolge nicht mehr erinnern kann. (Es wäre gut, wenn der Lehrer es immer noch könnte!) Dann kann man, wenn die Geduld noch reicht, die ganze Folge rückwärts laufen lassen, ein Ton wird immer weggelassen, bis der letzte Ton allein erklingt.

Das trainiert das Gedächtnis auf eine originelle Art und Weise. Im Spiel merken die Kinder oft nicht, dass sie gerade einer hohen Anforderung nachkommen und können oft mehr, als sie sich selber zutrauen. (Das gilt übrigens auch für Erwachsene.)

Variante 1

Um das freie Spiel in immer neuen Variationen zu üben, können auch einige Kinder im Kreis sitzen. Das erste Kind spielt seinem Nachbarn eine kleine Melodie zu, der beginnt mit dem letzten Ton des Vorspielers und spielt darauf eine eigene Melodie. Das nächste Kind beginnt wiederum mit dem letzten Ton seines Vorgängers. Das erhöht, wie man sich gut vorstellen kann, die Aufmerksamkeit sehr.

Variante 2

Eine Freude für alle Flötenspieler war es, einmal auf dem Balancierbalken zu spielen. Zwischendurch wurde auf dem Balken, der zum Inventar des Musikraumes gehörte – es können auch die Bänke umgedreht werden – immer wieder balanciert. Eine Steigerung war es, dabei auf der Flöte etwas zum Besten zu geben. Das gibt Sicherheit, wenn man auf dem Balken steht und seine eigene Melodie spielt! (Es können hier alle Klanginstrumente benutzt werden, aber ehe man die Kinder spielen lässt, probiere man es selber aus!)

Die Leier

Die Leier als Melodieinstrument haben wir an unserer Schule in der zweiten Hälfte des dritten Schuljahres eingeführt. Es ist gerade für den Anfangsunterricht ratsam, nur die halbe Klasse zu unterrichten.

Nachdem die Kinder in den ersten zwei Schuljahren den Umgang mit einem Saiteninstrument – der Kinderharfe – gelernt haben, ist der Übergang zur Leier eigentlich eine logische Folge. Die sieben Saiten der Kinderharfe – ein Instrument ohne Resonanzraum – reichen nun klanglich und tonal nicht mehr. Je mehr bei den Kindern sich der eigene seelische Innenraum entwickelt, desto mehr verlangt das Ohr nach einer Entsprechung. Der Resonanzraum der Leier und die chromatische Anordnung der 27 oder 35 Saiten – je nach Größe der Leier – wurde als befriedigend angenommen.

Zu Beginn des Unterrichts wurde zunächst versucht, die auf der Kinderharfe schon gelernten, bekannten Lieder zu spielen. Welch eine Entdeckung, dass sich zwischen manchen Tönen nun ganz neue fanden! Endlich konnte man alle Lieder spielen! Man war auf dem Weg, zu den Großen zu gehören.

Das Leierspiel war in unserer Schule immer in den Musikunterricht integriert. Es gab keinen gesonderten Unterricht für dieses Instrument, was meiner Meinung nach der Leier gut tut. Sie war keine Sonderheit, sondern sie gehörte zum normalen Instrumentarium dazu. So gab es nie ein gesondertes Leierorchester, sondern es spielte immer die ganze Klasse.

Durch die außergewöhnliche Tonbildung auf diesem Instrument wurde die Aufmerksamkeit auf das Musikalische – dieses zwischen den Tönen strömende Unhörbare – in hohem Grade geübt. Bei keinem anderen Instrument wird dieses lebendige Strömen zwischen den Tönen so deutlich hörbar. An dieser Stelle sei eine Bewegungsübung geschildert, die oft zu einer Hilfe wurde, dieses Strömen anzusprechen und wahrzunehmen.

Übung

Die Kinder bewegen sich frei im Raum. Anfangs bekommt ein Kind eine Klangkugel oder eine Schelle in die Hand. Während sich alle bewegen, soll diese Kugel, ohne dass die Bewegung unterbrochen wird oder stockt, von einem zum anderen gereicht werden. Jeder ist bereit, sie zu erhalten, aber keiner greift nach ihr. Nach und nach kommen mehr Kugeln ins Spiel, bis vielleicht vier, fünf Kugeln im Umlauf sind. Strömende Bewegung in Verbindung mit einem Gleichgewicht zwischen Nehmen und Geben ist das Ziel dieser Übung.

Je länger dies geübt wird, desto stärker können alle in diesem Strom *mitschwimmen*, die Bewegung wird zu einem musikalischen Vorgang.

(Es war für mich immer sehr spannend zu beobachten, dass diese Übung erst in der sechsten Klasse so richtig ins Strömen kam. Dann ist der Innenraum gebildet, jetzt kann es wirklich beginnen hinein- und hinauszuströmen. Trotzdem spielten wir dieses Geben und Nehmen schon in der 3. Klasse, denn so kann der Innenraum allmählich gebildet und ergriffen werden.)

Übung

Anfangsübungen mit der Leier können dieses Strömen beinhalten. Ein Streichen über die Saiten fließt von einem Spieler zum anderen. Es darf kein Stocken und kein Loch geben. Einmal fließen die Töne von oben nach unten, rechts herum, dann von unten nach oben, links herum. Dann folgen einzelne Töne, jeder sucht sich einen Ton, der in jeder neuen Runde derselbe bleibt, so entsteht eine gemeinsame Melodie. Diese kann auch anders herum gespielt werden: Wie anders klingt es jetzt!

Das sind die ersten Anfänge zum freien Spiel mit der Leier. Oder wir spielen die Tonleiter, jeder den folgenden Ton. Die strömende Verbindung von einem zum anderen muss immer gewahrt bleiben.

Um sich auf der Leier mehr und mehr zurechtzufinden, spielten wir anfangs immer nach dem Gehör. Es entwickelten sich drei verschiedene Spielweisen. Das Vorsingen und Nachspielen, das gleichzeitige Singen und Mitspielen und das stumme Zeigen und Nachspielen.

So sang ich einen Ton, den die Kinder suchen sollten, und von dem aus erfand ich immer kleine Melodien, die sie nachspielen sollten. Oder ich sang und die Kinder spielten gleichzeitig auf ihrer Leier mit. Manchmal zeigte ich eine Melodie mit den Händen, die sie anschließend nachspielten. Die linke Hand blieb auf dem Anfangston stehen, die rechte zeigte eine kleine Melodie. Hier wurde schnell hörbar, wer *am Ball bleiben* konnte und die angezeigte Melodie erinnerte.

Natürlich wurden auch Lieder gespielt, und zwar zuerst nur die bekannten. Nachdem alle den Anfangston gefunden hatten, durfte jeder für sich probieren, ob er das Lied allein auf dem Instrument finden konnte. Hierbei konnten diejenigen, die das Lied fast auf Anhieb spielen konnten, den etwas Langsameren spielen helfen.

Diese Stunden hatten Werkstattcharakter, da wurde gesungen, gespielt und auch mal geplaudert. Wer so intensiv zuhört, braucht immer wieder kleine Entspannungspausen. Das Loslassen, ohne das alles auseinander bricht, war eine Übung für sich und gehörte auch zum Unterricht.

Die Notenschrift

Nichts kann die menschliche Entwicklung so wirkungsvoll hemmen, wie die mühelose, sofortige Befriedigung jedes Bedürfnisses durch mechanische, elektronische oder chemische Mittel. In der ganzen organischen Welt beruht Entwicklung auf Anstrengung, Interesse und aktiver Teilnahme, – nicht zuletzt auf der stimulierenden Wirkung von Widerständen, Konflikten und Verzögerungen.

Nichts kann besser wiedergeben als dieses Zitat aus der Tageszeitung (taz) vom 13.9.08, worauf Entwicklung beruht: Der Widerstand, die Anstrengung, manchmal auch der Schmerz sind Voraussetzungen dafür, dass Neues entstehen kann. Lernen heißt üben, üben ist wiederholen und wiederholen hat mit Fleiß zu tun, das kennt jeder Mensch. So kann Neues entstehen. Für jeden Musiker ist das Üben wie atmen, es gehört zum Leben dazu, ohne das geht es nicht.

Meistens vergessen wir, dass Kinder noch nicht selbständig üben können. Dadurch entsteht viel Leid bei denjenigen Kindern, die sehr früh angefangen haben, ein klassisches Instrument zu spielen. Der Lehrer erwartet, dass sie regelmäßig üben, aber genau das können sie noch nicht. Dann ist die Enttäuschung groß und das Kind weiß oft nicht, wie es aus dieser Spirale herauskommen soll, oft verliert es dann die Lust, überhaupt weiter zu spielen. Der Grund dafür ist nicht die Musik und nicht das Instrument, sondern die Unkenntnis davon, wie man richtig üben soll. Bei sehr jungen Kindern bietet sich an, durch Vor- und Nachspielen die Freude am Musizieren zu pflegen. Hier ist der Fleiß im augenblicklichen Erfinden und sich Erinnern gefragt. So wird ganz unbewusst die Spur für kleine Melodiebögen gelegt, die man später in der Notenschrift leichter erkennen und sinnvoll üben kann.

Die Entwicklung der Schrift und des Buchdrucks haben in unserer Kultur eine große Wende eingeläutet. Die Entstehung der Notenschrift ist gerade 1000 Jahre alt, und wie sehr hat diese die Welt der Musik verändert! Bis dahin wurde Musik immer von Mund zu Ohr weitergereicht, der lebendige Austausch stand im Vordergrund. Man könnte sagen, dass in einem gewissen Sinn in der Entstehung der Notenschrift die spezifisch europäisch-abendländische Musik ihren Ursprung genommen hat. Diese Erfindung brachte die Blüte der Mehrstimmigkeit hervor.

Jede Neuentwicklung birgt die ungeheure Chance der Veränderung in sich. Aber wenn etwas Neues entstehen will, muss Altes absterben. Seitdem es die Notenschrift gibt, werden unsere Gedächtniskräfte nicht mehr so stark in Anspruch genommen – und jede Kraft, die nicht gebraucht wird, lässt allmählich nach. Was konnten unsere Großeltern noch alles auswendig? Meine Großmutter jedenfalls hatte den *Faust* immer parat, erst recht die unzähligen Strophen des Gesangbuches, und wie viele Volkslieder konnte sie aus dem Kopf! Aber schon eine kleine Melodie von fünf, sechs Tönen auf Anhieb zu erinnern und mit dem Instrument wiederzugeben, ist heute keine Selbstverständlichkeit mehr.

Genau das aber haben wir in den ersten zwei, drei Schuljahren geübt. Die Kinder können längere Melodien sicher und ohne zu zögern nachspielen. Nun sollen sie die Notenschrift lernen? Auf welche Kosten geht das eigentlich? Ist es in einer Zeit, in der alles schon auf dem Handy gespeichert werden kann, denn notwendig, die Notenschrift zu lernen, was oft so mühsam ist? Diese Frage möchte ich mit einem eindeutigen *Ja!* beantworten. Der Wert, Noten zu können, ist unschätzbar, auch wenn auf dem Weg zunächst etwas anderes verloren zu gehen droht.

Wenn die Kinder jetzt die Noten lernen, sind sie alt genug dazu, dass man mit ihnen über die Konvention sprechen kann. Die fünf Linien kann man wunderbar an den fünf Fingern erklären. Die *Guidonische Hand* kann einen verständlichen Einstieg bilden, ansonsten werden keine Bilder benötigt. Zwerge oder Pilze, die auf den Notenlinien hocken, sind nur eine Verniedlichung, durch die sich die Kinder in diesem Alter nicht ernst genommen fühlen. Dem Hören dient es nicht! Die Kinder sind dankbar, wenn es gleich zur Sache geht. Es gibt auch meist eine Reihe von Kindern, die die Notenschrift in ihrem Instrumentalunterricht schon gelernt haben. Aber können sie hören, was da steht? Die Aufgabe des Lehrers ist es nun, jedes einzelne Kind durch den Nullpunkt der Abstraktion dahin zu führen, dass es das Geschriebene auch wieder zum Leben erwecken kann. Es ist eine Art Todesprozess, der da durchschritten werden muss. Hier erlebt jedes Kind auf seiner Entwicklungsstufe das, was die Menschheit als Ganzes ebenfalls durchgemacht hat.

Im Durchgang durch die abstrakte Notenschrift wird die Qualität des Hörens eine andere. Das Gehörte muss nicht mehr unmittelbar in die Bewegung schießen, wie wir es bei kleinen Kindern beobachten können, sondern durch die Schrift entsteht eine Distanzierung. Dadurch ist es möglich, dass die äußere Bewegung zurückgehalten und in innere Bewegung umgewandelt wird. Das *Hören* kann nun als *zurückgehaltene Bewegung* bezeichnet werden, wie Rudolf Steiner es in seinen Vorträgen zum *Tonerlebnis im Menschen* tut (Steiner 1975).

Es wird leicht übersehen, dass die Bewegung zuerst äußerlich tatsächlich da gewesen sein muss, ehe sie zurückgehalten werden kann. Es lohnt sich, an dieser Stelle ein kleines Experiment zu machen: Man läuft schnell einen Weg entlang. Dann plötzlich bleibt man stehen und läuft den Rest des Weges nur noch innerlich, in der Vorstellung. Jetzt kann man erleben, wie die Bewegung zurückgehalten werden muss, um nicht äußerlich wirksam zu werden – aber trotzdem ist sie noch vorhanden. Die Kraft, die frei wird, kann man nun ganz in die Vorstellung legen. Das bedeutet für die Musik: Den Weg, der von einem Ton zum nächsten führt, muss man sich vorstellen. Je bewusster dieser Weg gegangen wird, desto stärker wird die Wirkung der Musik, das heißt: desto musikalischer wird es. Ein einfaches Abspielen oder Absingen von Tönen ist noch keine Musik. Erst wenn dieses *Dazwischen* stark zum Erleben gebracht werden kann, entfaltet die Musik ihre Kraft. Das Musikalische ist das Unhörbare.

Es gibt keine Brücke vom Ton zur Note, sie beruht auf reiner Verabredung. Nie werde ich den erschrockenen Blick eines Mädchens vergessen, als ich ihr sagte, sie solle nicht auswendig, sondern von den Noten abspielen. *Aber dann höre ich doch nichts mehr!*, sagte sie. Das hatte sie richtig beobachtet. Das Hören, in dem die Kinder bisher gelebt haben, reduziert sich nun so weit, dass es zunächst ein rein mechanisches Abspielen wird.

Die Musik stirbt in dem Augenblick, in dem das Kind sie von Noten abspielen soll. Es steht dabei einer Ansammlung von Noten gegenüber, die es nicht gleich zum Leben erwecken kann. Diese Umsetzung dauert eine Weile. Dann allerdings beginnt ein neues Leben, ein Leben mit Bewusstsein – und das ist eine neue Stufe. Aus der entstehenden inneren Stille kann nun neu gehört werden.

Vorher war man von Musik umgeben, man war ganz *in* ihr aufgehoben. Nun ist sie auf dem Weg von außen nach innen. Das kann man nicht gleich wahrnehmen, und das erleben manche Kinder wirklich als Not. Ein Weg bahnt sich erst dadurch, dass er immer wieder und wieder begangen wird. Aber welch ein Glück, wenn sich die Tür nach innen auftut und es von dort zu klingen beginnt! Am stärksten ist dieses Erlebnis für das Kind, das vom Erzieher bis an diesen Punkt geführt worden ist, wenn es spürt, dass der Lehrer weiß, was sich in seinem Inneren abspielt.

Das Abschreiben von bekannten Liedern kann für die Kinder eine Hilfe sein, so dass der anfangs noch nicht immer sichtbare Weg breit und vertraut werden kann. Je besser man diesen Weg kennen lernt, desto leichter wird das innere Hörbarmachen der Notenschrift. Intensiv und gesättigt kann dieses Erleben sein, wenn das Kind sich vorher viel zur Musik bewegen und sie leiblich aufnehmen konnte. Der Boden ist bereitet, die Saat kann jetzt aufgehen.

Übung

Auf der geschilderten Grundlage kann folgende Übung so klingen, dass die seelische Verbindung zwischen dem Hören und der Musik immer erkennbar, ja sogar sichtbar wird.

Die Kinder stehen im Kreis, jedes hat irgendein Klang-Instrument. Das erste Kind spielt zu einem anderen Kind, aber nun wird der Weg, der vorher wirklich gegangen wurde, nicht mehr gegangen, sondern seelisch überbrückt. Jetzt schwingt der Klang nicht auf den Schwingen der Bewegung, sondern nun begleitet die Seele den Klang. Die Kinder bleiben am

Platz. Jedes Kind kann miterleben, ob die Bewegung zwischen den Klängen innerlich begleitet wurde oder nur mechanisch geschehen ist.

In jedem Jahr meiner Schultätigkeit habe ich auf unterschiedliche Weise versucht, den Weg des Notenlernens mit den Kindern zu gehen, aber das Wesentliche war immer, dass sie die gehörten Töne immer gleich mit den geschriebenen verbinden konnten. Am Ende einer Epoche konnten meistens alle Kinder Noten lesen. Manchmal fing es damit an, dass ich die Note an die Tafel schrieb, die uns den Ton «a» anzeigt, und lediglich sagte: *Das nennen wir «a»*, dazu noch «h» und «g» in derselben Weise. Mit diesen drei Tönen begannen die Hörübungen. Entweder wurde gesungen oder mit der Flöte gespielt, die entsprechende Melodie klang mindestens zweimal, dann durften die Kinder sie nachsingen und dabei mit den Armen die Tonbewegungen zeigen und dann in ihr Notenheft die gehörten oder manchmal auch nur vermuteten Töne schreiben. Dies wurde zu einer Gewohnheit: zweimal sang ich vor, dann sangen die Kinder nach, immer verbunden mit dem Anzeigen der Tonhöhen, danach wurde geschrieben.

Den Tonraum der Terz kann man sehr bald bis zur Quinte oder Oktave erweitern.

Sehr hilfreich ist es für die Kinder, dass sie mit wenigen Tönen zunächst die Sicherheit bekommen, das Prinzip zu verstehen. Je langsamer es am Anfang geht, desto mehr Vertrauen wächst in das Erlernen dieser neuen Schrift. Nach einer Weile kann man sehr gut immer zwei Kinder zusammen arbeiten lassen, der eine spielt, der andere wiederholt, anschließend wird geschrieben und dann verglichen. Oft saßen die Kinder in kleinen Grüppchen im ganzen Schulhaus verteilt, spielten, hörten, schrieben und verglichen. Je kleinschrittiger der Anfang gehandhabt wurde, desto mehr Kinder behielten die Lust, die neue Schrift zu lernen.

Bewährt hat sich, die Melodieschritte zuerst aus Sekunden oder höchstens einer Terz bestehen zu lassen, die dann vorbereitet und ausgefüllt wird, so dass eine Melodie auch logisch verfolgt werden kann (einige Beispiele, um einen Eindruck zu geben, siehe nächste Seite).

Hierbei muss man immer den roten Faden im Auge behalten. Aussteigen hat ungeahnte Folgen, man bleibt auf der Strecke! Konzentration und Gedächtnis werden dadurch trainiert.

Diejenigen Kinder, die schon alles können, dürfen auf einer den Schü-

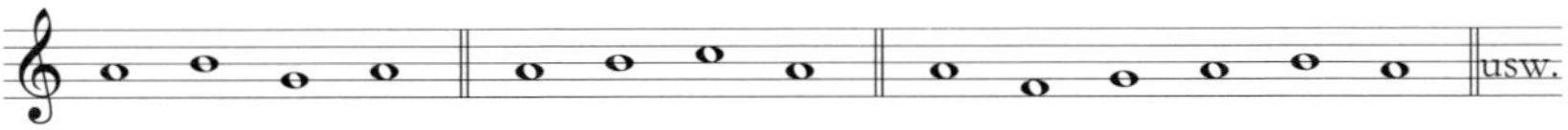

Hören und Schreiben

lern abgewandten Tafel gleich alles mitschreiben, dann geht das gemeinsame Vergleichen nachher leichter.

Genauso gut will das Vom-Blatt-Singen oder -Spielen geübt werden. Je mehr Geduld und liebevolles Einhören der Erwachsene aufbringt, um sich in die Art eines jeden Kindes einzufühlen, desto mehr Entdeckungen wird er machen können.

Manche Kinder wurden in meinem Unterricht jetzt erst richtig *lebendig*, waren wie elektrisiert und fingen an, selber kleine Melodien zu schreiben, die wir nun gemeinsam abspielen sollten. (Es wurde zunächst nur in ganzen Noten geschrieben. Es ging ausschließlich um die Notation der Tonhöhen und nicht der Werte. Die rhythmischen Diktate werden schwerpunktmäßig in der fünften Klasse geübt.) Die Begeisterung, dass man das Selbst-Geschriebene hörbar machen konnte, brachte nun viele Nachahmer auf den Plan. Das Schreiben trieb viele *Blüten*, die nicht spielbar waren. Deshalb sollte vorher eine Regel vereinbart werden: Jede Melodie muss der Schreiber selber spielen können.

Manchmal verteilte ich Notenblätter, auf denen Lieder standen, die wir schon oft im Unterricht gesungen hatten. Diese sollten die Kinder nun selbständig abspielen, jeder in einer Ecke. Welche Kinder nach den ersten Tönen das Lied sofort erkannten und bei welchen das Buchstabieren so langsam ging, dass sie auch in der Mitte noch nicht wussten, um welches Lied es sich handelte, war nicht immer vorhersehbar. Da gab es oft Überraschungen.

Für die Arbeitsstimmung, die im Raum entsteht, wenn alle Kinder gemeinsam verschieden schnell oder langsam üben, braucht man Großzügigkeit, Humor und Geduld. Sehr oft geht das in einem Raum natürlich nicht, aber zwischendurch ist es durchaus einmal möglich. So ein organisiertes Chaos kann auch einmal Freude bereiten. Es gab auch Kinder, die einfach da saßen, allen zuhörten und ihren Spaß an dem Durcheinander hatten. Auch das sei erlaubt!

Zur Erziehungskunst gehört es, dass der Lehrer die Entwicklung des

Kindes immer gut im Auge bzw. *im Ohr* hat, den Stoff beherrscht, weiß, was er will, und immer mit allen Unwägbarkeiten, die von Kindern zu erwarten sind, rechnet und sie willkommen heißt. Dann ist so eine Zeit der Umbrüche und Übergänge fruchtbar zu gestalten.

Das Singen

Um einen Übergang von der Quintenstimmung (Pentatonik) zur Diatonik zu gestalten, empfiehlt es sich, Lieder aus der Zeit der Minnesänger auszuwählen oder Lieder in der Stimmung der Kirchentonarten selber zu schreiben (z. B. Brass 2008). Da ich für meine Klasse für jedes Kind als Zeugnisspruch einen Psalm herausgesucht hatte und diese Psalmen auch vertonen wollte, bot es sich geradezu an, sie in modaler Stimmung zu vertonen. Doch es waren zu der Zeit immer noch vierzig Kinder in der Klasse und es wurde bald klar, dass die Vertonung aller Psalmen nicht zu schaffen war. Der Beruf des Klassenlehrers, den ich damals ausübte, hielt zu viele andere Pflichten bereit. Aber von den wenigen Liedern, die entstanden sind, sangen wir wenigstens zwei während des dritten Schuljahres. Da die Psalmen, trotz Kürzung, immer noch sehr lang sind, war es eine willkommene Abwechslung, beim Singen zu gehen.

Aus diesen Erfahrungen heraus machten wir uns das Gehen zum Singen immer mehr zur Gewohnheit. Besonders als die ersten Kanons sicher waren, konnten sie nun auch mit Hilfe der Bewegung viel leichter und – auch wenn dies widersprüchlich klingen mag – tiefer erlebt werden. Kanons haben wir allerdings erst in der vierten Klasse ausführlich geübt. Es ist immer gut, wenn der Lehrer Steigerungen bereithält. (So gab es auch Instrumente, die erst in einem bestimmten Alter gespielt wurden.)

Die Psalmen werden ja noch fast rezitativisch gesungen. Im Notenbild findet man kaum Pausen, dafür aber Atemzeichen, wenn ein Melodiebogen zu Ende geht. Diese Bögen können auch agogisch gesungen und bewegt werden. So erleben die Kinder auch hier wieder am eigenen Leib, wie ein musikalischer Bogen verläuft. Es wird noch nicht genau der Rhythmus gelaufen, aber durch die Längen und Kürzen entsteht ein gemeinsamer Schwung, der im Raum sichtbar gemacht wird. So wurde der dynamische Bogen einer Phrase sehr gut deutlich.

Übung

Mehrere Kinder laufen von der einen Seite des Raumes zur anderen immer auf eine Phrase des Liedes, bei der nächsten laufen alle wieder zurück. Genauso gut können sie im Raum jeder seinen eigenen Weg gehen. Dann bietet es sich an, dass immer, wenn ein Bogen zu Ende ist und zwei Kinder sich begegnen, sie sich mit den Händen berühren. Noch schöner ist es, wenn sie jeder eine Zimbel haben und sie in den kleinen Atemräumen aneinander klingen lassen. Dann entstehen große Atembögen, unterbrochen von klingenden Zimbeln, in denen jeder stehen bleibt und man für einen kurzen Augenblick der vorangegangenen Phrase nachlauschen kann. Auf diese Weise wird das lange Lied untergliedert, aber man kann endlich auch einmal über einen längeren Zeitraum singen, ohne dass das Lied schon wieder zu Ende ist, ehe man so richtig mitschwingen konnte.

Variante

Eine Gruppe singt einen Melodiebogen, die andere Gruppe setzt fort mit der Flöte usw. In diesem Wechsel liegt ein großes Potential für die Konzentrationsschulung, und der Wechsel im Klang bringt immer eine Erfrischung im Hören.

Zur Erinnerung wiederhole ich noch einmal, was nun selbstverständlich geworden sein sollte: dass die Füße unhörbar auf den Boden gesetzt werden! Zu prüfen ist das leicht, man hört es am Gesang der Kinder. Ist das Singen zu grob, so sind die Füße bestimmt zu laut. Wenn der Erwachsene diesen Zusammenhang nicht aus dem Ohr verliert, so bildet sich auch bei den Kindern ein selbstverständliches Gespür dafür heran, dass das Singen nie mehr mit Brüllen verwechselt werden wird.

Die Sonne tönt

Text: J. W. v. Goethe
Musik: Lothar Reubke

Klasse 4

Lieder als Heimat

In der vierten Klasse sind die Kinder etwa neun oder zehn Jahre alt. Die Freundschaften zwischen den gleichgeschlechtlichen Gruppen vertiefen sich, und gleichzeitig wächst die Freude an der gemeinsamen Begegnung zwischen den Geschlechtern. Das kann man in allen Übungen erleben, auch wenn die Neckereien verbal anderes widerspiegeln. Die Motive dieses Jahres sind die Begegnung und die Distanz, in der Zweistimmigkeit, im freien Singen und in einer Fülle von Bewegungsspielen. Erst indem man von dem anderen Abstand nehmen kann, wird es möglich ihn richtig wahrzunehmen. Das gilt auch umgekehrt: Indem man von sich selbst Abstand nimmt, kann man sich von außen wahrnehmen und in das richtige Verhältnis zu den anderen setzen. Das ist die Voraussetzung, um zweistimmig singen zu können. Ein Erstklässler ist vollkommen überfordert, wenn er zweistimmig singen soll. Denn dazu muss er seine Stimme behalten und gleichzeitig die andere miterleben. Diese Distanz aufzubauen ist er unmöglich in der Lage. Aber in der 4. Klasse ist das richtige Alter gekommen, um dies alles ausgiebig auszukosten.

Eines der Themen in dieser Klasse ist die Heimatkunde. Die Heimat, die für das ganz kleine Kind noch aus der Nähe zur Mutter besteht, weitet sich immer mehr aus. Das Kind kann nun auch über eine längere Zeit von zu Hause Abstand nehmen, ohne Schaden zu leiden. Die Heimat (ein Begriff, der uns heute immer fremder wird – auch kleine Kinder verbringen ihre Ferien oft eher in Thailand oder den USA als in ihrer Heimat) bekommt durch den Schulunterricht eine neue Dimension. Ein Gefühl für Abstände und Verhältnisse zu gewinnen, ist für das Empfinden von Sicherheit und Orientierung von großer Bedeutung. Den eigenen Standpunkt findet man nur, wenn man sich zu seiner Umgebung in ein Verhältnis setzen kann, wenn man weiß, wo man steht.

Auch ein Liedschatz kann eine Heimat werden, wenn er vertraut geworden ist und man in ihm leben kann. So gab es für die Klassen 4 bis 6 auch eine gemeinsame Chorstunde, in der wöchentlich das gemeinsame Singen gepflegt wurde. Jetzt wurde ein breites mehrstimmiges Repertoire angelegt. Da die jeweiligen Klassenlehrer auch immer dabei waren, nahmen sie die Lieder mit in ihren Unterricht und pflegten sie dort über die Woche hin weiter.

Aus der Gerontologie wissen wir, dass alte und auch demente Menschen oft nur noch erreicht werden können, wenn sie die Lieder ihrer Kindheit hören. Dann können Menschen, die schon lange aufgehört haben sprachlich zu kommunizieren, sogar mitsingen, alle Texte sind plötzlich wieder da – wie ein Ort, an dem man einmal zu Hause war.

Ein Kollege erzählte einmal ein Erlebnis mit einer 12. Klasse, mit der er auf der Abschlussfahrt in Schweden war: Nachts am Lagerfeuer sangen die Schüler alle Lieder der gesamten Schulzeit, von der 12. bis zur 1. Klasse hinunter. Das war Heimat in der Ferne.

Für jede Schulfeier ist es von unschätzbarem Wert, wenn es einen gemeinsamen Liedschatz für die ganze Schule gibt. Damit erzeugt man nicht ein sentimentales, altes Heimatgefühl, sondern ein soziales Zusammengehörigkeitsgefühl, das in einer Zeit der Beziehungslosigkeit neue Verbindungen schaffen kann.

Übung: «Bahnhof Zürich»

Ein sehr beliebtes Bewegungsspiel war das so genannte Labyrinth, oder, wie es bei uns später hieß: *Bahnhof Zürich*. Diese Übung ist erst möglich, wenn die Zweistimmigkeit erlebt werden kann. Der Name kam folgendermaßen zustande:

In den Ferien war ich einmal zu einer Freundin nach Zürich unterwegs, sie wollte mich am Bahnhof abholen. Der Zug kam mit sehr viel Verspätung an, dazu noch auf einem anderen Gleis als angekündigt, und ich hatte die Adresse meiner Freundin nicht bei mir (es war auch noch nicht die Zeit der Handys). Ich hätte nicht gewusst, wo ich sie hätte treffen können. Als ich ausstieg, sah ich kein bekanntes Gesicht und lief planlos

durch die Menschenmenge. Da erinnerte ich mich an das Labyrinth, das wir als Studenten viel bei Pär Ahlbom geübt hatten. Wir spielten es dort immer so, dass einige Gegenstände im Raum lagen, um die zwei Menschen herumliefen. Sie liefen so, als wären sie allein auf der Welt mit sich und ihrer Bewegung, natürlich ohne den anderen, der sich auch frei um die Gegenstände bewegte, zu berühren. Wenn es möglich war, in dieser Bewegung alles andere zu vergessen, sich nur aus Freude an der Bewegung und an den Formen, die man da lief, zu bewegen, dann geschah es, dass die beiden sich nach einer Weile begegneten. Diese Begegnung war von vorn herein das Ziel der Übung, aber es ging nicht darum, auf einander zu zu laufen – das wäre ja kein Problem –, sondern aus der absichtslosen Bewegung in die Begegnung zu finden.

Als ich nun auf dem Bahnhof herum irrte, erinnerte ich mich an das Spiel und dachte: wenn das Spiel einen Sinn haben soll, dann muss es auch im Leben anwendbar sein. Ich ging also immer weiter und wartete ab, ob ich ihr in der Menge begegnen würde. Nach zehn Minuten standen wir uns gegenüber!

Vor allem für die Improvisation ist der hier geschilderte Vorgang interessant. Eine wichtige Lehrerkompetenz besteht darin, sich sagen zu können: Ich muss in Gelassenheit etwas auf mich zukommen lassen, darf keinen zeitlichen Stress ausüben. Dabei halte ich mein Ziel im Auge, vergesse nie, was ich will, aber ich forciere nichts. Bei Melodieübungen in der sechsten Klasse formulierte ein Junge es einmal so: *Ich muss einfach nur im Ohr loslassen!* Gerade im Loslassen besteht die Kunst.

Für die Kinder lautete die Spielanweisung so: Versucht, auf die Füße zu hören.

Nicht der Kopf bzw. das Denken soll den Weg bestimmen, sondern die Füße, dann erst strömt die Bewegung aus dem Loslassen. Dazu gehört auch, dass ein einmal eingeschlagener Weg nicht umgelenkt wird, wenn der andere Läufer entgegenkommt. Jeder geht seinen Weg – zwar so, dass der andere nicht umgelaufen wird – aber es sind die eigenen Füße, die unbeirrt immer weiter führen. So kann es geschehen, dass die beiden aneinander vorbei laufen, ohne dass es zur Begegnung kommt. Genauso gut kann es sein, dass eine Begegnung stattfinden könnte, aber der eine von beiden es nicht bemerkt. Nur wenn beide bereit sind, ist es für alle Beobachter im Raum wahrnehmbar, dass nun die Begegnung unaufschiebbar ist.

Da werden wichtige Fähigkeiten für die freie Improvisation geübt. Das Kind lernt: Ich folge meiner Melodie, d.h. ich verfolge sie innerlich unentwegt, ich lasse nicht los, ich gestatte es mir nicht, etwas zu spielen, was ich nicht will, aber ich bin immer wach für das, was vom anderen kommt. Ich nehme das auf und höre auf das, was von außen auf mich zukommt. Im freien Spiel besteht die Hauptgeste darin, etwas selber zu tun und gleichzeitig etwas auf sich zukommen zu lassen. Beide Ströme müssen beobachtet und im Spiel ins Gleichgewicht gebracht werden.

Auf diese Weise können Kinder der 4. Klasse Geistesgegenwart lernen.

Die Kinder meiner Klasse haben immer in Spannung die Wege der zwei Läufer mit verfolgt und konnten genau feststellen, wann ein Kind seinen eigenen Weg verließ, aus welchem Grund auch immer. Sei es, dass es nicht aufhören wollte sich zu bewegen und absichtlich das Spiel in Länge zog oder dass es die Begegnung scheute und ihr lieber aus dem Weg ging. Nie war es nötig, eine psychologische Erklärung abzugeben, die Bewegung wurde zur Offenbarung und die Übung ging weiter.

Von großer Bedeutung war auch die Frage, ob die Kinder in der Lage waren, sich *ihre* Zeit zu nehmen. Wenn es manchmal sehr lange dauerte, bis sich zwei von allein trafen, d.h. ohne zu manipulieren, und die anderen doch einmal unruhig wurden, dann war es manchmal schwer, dem Wunsch nach Beendigung des Spiels nicht nachzugeben. Den richtigen Zeitpunkt zu finden für das, was das eigene Anliegen im Leben ist, ist ja eine hohe Kunst. Durch dieses Spiel wird die Grundlage dafür gelegt.

Vieles konnte hier auch ohne Worte geregelt werden. Einmal rief ich zwei Kinder auf, die sich vorher auf das Heftigste bekriegt hatten. Da geschah es, dass sie sich in dieser Übung über lange Zeit aus dem Weg gingen, was natürlich ganz unbewusst verlief. Aber alle Anwesenden, die von den Zwistigkeiten wussten, beobachteten mit erhöhter Spannung, ob und wie eine Begegnung entstehen würde – die schließlich doch zustande kam.

Wenn abzusehen war, dass eine Begegnung nicht zustande kommen würde, konnte es geschehen, dass ich manchmal das Spiel abbrach oder manchmal ein drittes Kind aufforderte, zwischen den beiden hindurch zu laufen. Es hatte keine andere Aufgabe, als durch sein Mitlaufen eine neue Dynamik ins Spiel zu bringen. Trafen sich die beiden aber in gegenseitigem Einverständnis, so konnte auch Frieden zwischen den beiden *Kampfhähnen* einkehren. Genauso geschah es auch, dass zwei Kinder, die sich sehr nahe waren, sich immer sofort trafen, ganz gleich, wie oft diese Übung wiederholt wurde.

Übung

Die Kinder stehen im Achteck oder Kreis, jedes Kind hat ein Gegenüber, welches das gleiche Instrument hat. Wenn eine gemeinsame Beschleunigung entstehen soll, sind sie nun in der Lage, sich den Impuls selber zu geben – ohne Impulsklang von außen. Sie können das Ganze überschauen und gemeinsam die Bewegung entstehen lassen. Statt der Zimbeln und Becken kann jedes Kind ein langes Holz (selbst geschnitzter Stab) in der Hand haben.

Wenn nun die ersten zwei Kinder sich in Bewegung setzen, können sie ihre Hölzer zusammenklingen lassen. Die Hölzer treffen mit einem starken Klacken zusammen, anschließend wechselt jedes Kind auf den Platz seines Gegenübers. Das braucht Mut und jeder muss sehr wach sein, damit keiner von dem Holz getroffen wird.

Absichtlich vermeide ich das Wort *schlagen*. Das Wort allein impulsiert eine Bewegungsart, die Gewalt impliziert. Das wollte ich unter allen Umständen vermeiden. Im Vordergrund stand der Klang, die Orientierung ging immer vom Hören aus. Wenn die Bewegung etwas Tanzartiges bekam, dann wirkte die Übung in all der Feurigkeit, die sie haben sollte. Die Stimmung sollte eher etwas von einem temperamentvollen Tanz haben als von gewalttätigem Schlagen.

Variante

Genauso kann diese Übung so angelegt sein, dass nicht beschleunigt oder verlangsamt wird, sondern sie exakt im Tempo bleibt. Durch das Üben der Zweistimmigkeit muss vor allem im Rhythmischen Exaktheit ein Ziel werden. Die Kinder entwickeln jetzt immer mehr Freude an der genauen Ausführung, auch wenn noch nicht gleich alles gelingt. Lernen heißt nicht, es gleich zu können!

Bei den rhythmischen Übungen unterliegt man leicht einem Irrglauben. Wenn man als Erwachsener den Kindern genau erklärt hat, wie etwas zu sein habe, dann glaubt man, sie müssten es nun auch können. Zwischen dem Verstehen und dem Können liegt aber ein Weg, dessen Länge variabel ist. Es ist immer wieder eine Hilfe, sich an die eigene Kindheit zu erinnern. Ich erinnere an das Bild des griechischen Pädagogen, von dem im ersten Kapitel die Rede war. Er beleuchtet den Weg von hinten und kann nicht immer sehen, was dem Kind vor den Füßen liegt. Wir bemerken die Hindernisse nur indirekt, wenn das Kind strauchelt, ausweicht oder stehen bleibt. Oft beurteilen wir dieses Verhalten dann zu schnell und interessieren uns zu wenig für den Grund. In der aktuellen Situation ist das auch nicht immer möglich, deswegen ist der Rückblick auf den Unterricht so wichtig. Oft bemerkt man überhaupt erst im Nachklang, dass überhaupt etwas gestockt hat und nicht im Fluss war.

Die kleinen Dinge, die uns aber Großes offenbaren können, sind es, die über die Qualität der Pädagogik entscheiden. Die wichtigsten Äußerungen der Kinder sind meistens sehr leise. Manchmal genügt auch ein Blickkontakt, um Verständnis zu signalisieren. Dem Lernprozess genügend Zeit geben und ihn aufmerksam beobachten – das ist die größte Hilfe, die ein Lehrer den Kindern geben kann.

Was liegt vor, wenn ein Sechstklässler, der sonst gesund ist, die Einmaleinsreihen immer noch nicht behalten kann? Warum vergisst ein Schüler immer seine Hausaufgaben? Wieso will eine Viertklässlerin nicht auf der Flöte spielen? Die Reihe der Fragen, die ein Lehrer sich stellen kann, ist unbegrenzt. Die Ursachen für das Nicht-Können oder Nicht-Wollen sind es, denen wir mit ganzer Aufmerksamkeit auf die Spur kommen müssen. Das Können drängt sich uns von selbst auf. Natürlich ist es ein Fest, wenn jemand nach fünf Jahren zum ersten Mal mitsingt. Aber wissen wir wirklich, warum er vorher nicht gesungen hat? Dieses Eindringen in die Welt der verborgenen Triebfeden und Hindernisse, die die Entwicklung der Kinder nachhaltig beeinflussen, nannte Julius Knierim, ein von mir sehr geschätzter Lehrer, das *Einhören. Ihr müsst nicht ausbilden, sondern einhören!*, sagte er oft. Ich habe viele Jahre gebraucht, um zu verstehen, was sein eigentliches Anliegen war. Nicht sehen, was herauskommt, sondern hören, was da drinnen ist – vielleicht könnte man es auf diese einfache Formel bringen.

In dem oben angeführten Fall fragte ich den Jungen, warum er vorher nie mitgesungen habe. Er schaute mich erstaunt an und erwiderte: *Aber ich habe doch immer mitgesungen!*

So etwas sollte einem zu denken geben. Die Wahrnehmung von außen und die von innen können sehr unterschiedlich sein, besonders, wenn es sich um Sichtweisen eines Kindes und eines Erwachsenen handelt. Ein kleines Beispiel sind die oftmals völlig unbewussten Verdrehungen der Liedtexte. Da kann aus einem *Bogenträger* schon mal ein *Hosenträger* werden, ohne dass im Bewusstsein des kindlichen Sängers die Heiligkeit des Liedes darunter leidet.

Waren die Übungen in den ersten drei Jahren meistens darauf angelegt, dass die Kinder in ein atmendes, fließendes Schwingen kommen konnten, so achten wir in der vierten Klasse mehr und mehr auf rhythmische Genauigkeit.

Übung mit Handhölzern

Alle Kinder sitzen im Kreis und haben zwei Klanghölzer in den Händen. Das erste spielt ein kleines Motiv, alle spielen es nach. Das zweite spielt ein neues Motiv, alle wiederholen es. So wandert diese Übung im Kreis herum, ohne Unterbrechung. Oft entsteht ein rhythmisches Grundmuster, doch ist es auch sehr reizvoll, wenn ein Kind *ausbricht*. Diese Übung kann genauso mit Steinen oder klatschend oder mit den Füßen stampfend durchgeführt werden.

Neben Klanghölzern, die man in den Händen halten kann, gibt es Klanghölzer, die aufgehängt sind oder solche, die am Boden liegen oder auf den Knien gespielt werden, so genannte Kniehölzer.

Die beschriebene Übung kann natürlich auch mit Kniehölzern durchgeführt werden.

Kniehölzer mit Schlegeln (Choroi)

Übungen mit Kniehölzern

Alle sitzen im Kreis, jeder hat nur einen Schlegel in der Hand. Das Metrum, das jetzt gespielt werden soll, lautet: kurz, kurz, lang.

Zuerst spielen alle gemeinsam das Metrum, dann wird es im Kreis aufgeteilt. Jeder Spieler übernimmt einen Schlag. Ist das eine Weile geübt, so dass es fließt, kann die Übung dahingehend gesteigert werden, dass jeder die Richtung im Kreis wechseln darf. Aber das Metrum muss erhalten bleiben – und es muss strömen. Das erfordert sehr viel Wachheit und Geistesgegenwart. Ist man aber im Strom, d.h. hört man das Metrum innerlich immer mit, dann kann man innerlich mitschwingen. Aus dieser Schwingungsfähigkeit kann eine wichtige Kompetenz erwachsen. Man lernt, sich in jede neue Situation einzufinden, den anwesenden Impuls aufzugreifen und weiterzuführen. Daraus entsteht Teamfähigkeit.

Übung

Alle sitzen im Kreis, haben auf den Knien die Hölzer und in den Händen zwei kleine Handhölzer oder Schlegel. Der Lehrer beginnt, die Kinder fallen ein: die Hände spielen immer abwechselnd, zunächst gleichmäßig: rechts, links, rechts, links. Dann kann der erste Schlag betont werden, die folgenden drei sind leise. Für manche Kinder liegt oft schon eine Schwierigkeit darin, die Hände wirklich abwechselnd spielen zu lassen. Zu schnell geschieht es, dass eine Hand mehrmals hintereinander spielt. Wenn frühzeitig darauf die Aufmerksamkeit gelenkt wird, werden gute Grundlagen für alle späteren Trommelübungen gelegt.

Durch die verschieden gestimmten und auch ungestimmten Kniehölzer entstehen herrliche Überlagerungen im Mikrotonbereich.

Ist das gleichmäßige Bewegen der Hände geübt – und es kann bei manchen Kindern einige Jahre dauern, bis es leicht und wie von allein geht, ohne dass Stockungen auftreten – dann kann folgendermaßen weiter geübt werden:

Varianten

Der erste spielt acht Schläge, der nächste setzt nach vier Schlägen ein, spielt aber auch seine acht Schläge, nach seinen ersten vier Schlägen setzt der nächste ein, der erste hört auf. Auf diese Weise klingen immer für vier Schläge zwei verschiedene Tonhöhen zusammen.

Oder: Der erste Spieler spielt sechs Schläge, der nächste setzt nach drei Schlägen ein und spielt auch sechs Schläge, der erste hört auf, und so fort, wie oben.

Wenn die Übung so klingt, dass sich ein ruhiger *Klangteppich* im Raum ausgebreitet hat, dann kann man verschiedene Verabredungen treffen.

Oder: Drei Spieler sind außerhalb der Runde und dürfen auf diesem «Klangteppich» jeweils ein Solo spielen. Hier fallen den Kindern oft die phantasievollsten Möglichkeiten ein.

Oder: Nach jeder Runde gibt der erste (es ist gut, wenn der Lehrer diese Rolle zunächst noch übernimmt) den verabredeten Rhythmus nicht mehr weiter, sondern spielt plötzlich ganz frei.

Nach einer Runde geordneter Vierer kann es fast wie ein Schock wirken, wenn der gemeinsame Rhythmus zerfällt. Eine Weile herrscht Chaos, alle spielen frei, dann setzt der Lehrer mit dem Vierer wieder ein. Der Nachbar muss es bemerken, er beendet sein freies Spiel und setzt mit seinem Vierer, bzw. zweifachen Vierer wieder ein. Die Ordnung entsteht wieder.

Chaos und Ordnung können hier zur großen Freude aller Beteiligten gestaltet werden. Es wird dabei in hohem Grade Geistesgegenwart geübt. Das Spiel zwischen der Vereinzelung im Chaos und dem starken Zusammengehörigkeitsgefühl, das im gemeinsamen Rhythmus entsteht, bildet ein sensibles Empfinden für die eigene Freiheit.

In der Schule wird immer wieder Ordnung geübt. Dabei können leicht die unschätzbaren Möglichkeiten der Unordnung übersehen werden. Gemeinsam mit den Kindern bewusst und ohne Angst vor dem Untergehen das Chaos zu erleben und es als Quelle des Schöpferischen zu begreifen – das stärkt den Mut der Kinder. In der heutigen Zeit muss die Ermutigung der Kinder ein zentrales Anliegen der Pädagogik sein. Aus dem bewusst zugelassenen Chaotischen kann der Gestaltungswille erwachsen, eine neue Ordnung zu schaffen.

Wenn in einer Unterrichtsstunde das Chaos zu groß wurde, kam die große Kiste zum Einsatz, in der viele Handhölzer lagen.

Übung: Hölzer rollen

Alle Handhölzer wurden auf den Boden gerollt und jeder durfte sich einige nehmen. Diese wurden dann in freier Folge in die Mitte gerollt, manchmal auch der Reihe nach, je nach Ausgelassenheit der Kinder. Jede Ordnung aus der Sache heraus hilft in solchen Fällen. Waren alle Hölzer in die Mitte gerollt, gab es eine kurze Pause, dann klatschte ich in die Hände und jeder durfte so viel greifen, wie er nehmen konnte. Da darf es auch einmal etwas turbulent zugehen, beim Rollen der Hölzer wird es schon wieder still! Das Zuhören bringt von ganz allein die Stille!

Selbst geschnitzte Handhölzer

Schöpferisches Chaos

Es ist mir bewusst, dass das Chaos, das am Anfang der Berufsausübung vom Lehrer vielleicht noch nicht gegriffen ist, zerstörerische Kräfte in sich bergen kann und weder für die Kinder noch für den Lehrer gesundheitsfördernd ist. Dieses Chaos, das zur Entmutigung des Lehrers führt, kann nicht das Ziel sein. Da hilft nur kleinschrittige Vorbereitung, ein immer wieder erneuter Versuch und sich auf keinen Fall entmutigen zu lassen. Schule ist immer ein gemeinsamer Lern- und Suchprozess für alle Beteiligten. Aus der Not – und in der befand ich mich als Anfängerin oft – sind z.B. die geometrischen Übungen entstanden.

Nur aus der damals in vielen Situationen selbst erlebten Unsicherheit heraus erlaube ich mir hier zu schreiben, in der Hoffnung, Ermutigung und Begeisterung für den Beruf des Musiklehrers zu vermitteln. Im Lehrerberuf gibt es keine Sicherheiten. Auch nach zwanzigjähriger Berufserfahrung tauchten immer wieder unvorhersehbare, nie erlebte Situationen auf, in denen ich mir etwas einfallen lassen musste. Im Zweifelsfall sind rhythmische Übungen jeglicher Art meistens eine Hilfe, aus dem Ruder gelaufene Situationen wieder etwas zu ordnen.

Wenn man sich nur auf seine Erfahrung verlässt, erlebt man häufig Überraschungen. Denn die entwicklungspsychologischen Gesetzmäßigkeiten bleiben zwar im Laufe der Zeit weitgehend konstant, aber die individuelle Entwicklung der Kinder birgt Unvorhersehbares. Das Zerfallen der Familienstrukturen, die wirtschaftlichen Nöte und eine grundlegende Unsicherheit in Erziehungsfragen auf allen Seiten bringen eine Verunsicherung, unter der die Kinder als erste leiden.

Der aufmerksame Leser wird bemerkt haben, dass bei den rhythmischen Übungen das Holz und die Steine bevorzugt wurden. Der kurze, knackige Klang eignet sich für solche Übungen besonders gut und es ist ratsam, die Trommeln nicht zu früh einzusetzen. Bei einer Gruppe von rund zwanzig Kindern sind sie sehr laut, und um grundlegende rhythmische Fertigkeiten zu erlangen, braucht man nicht immer den starken Klang – oder wie die Jugendlichen sagen würden: *die volle Dröhnung*.

Übung zum Bruchrechnen

In der vierten Klasse lernen die Kinder das Bruchrechnen kennen. Sie beginnen jetzt, die Dinge in ihrem Verhältnis zueinander zu verstehen. Es ist deutlich, dass die Kinder die Werte in der Notenschrift jetzt erst richtig erleben können. Während meiner Klassenlehrerzeit wollte ich im so genannten rhythmischen Teil des Hauptunterrichtes (der ersten beiden Unterrichtsstunden am Tag, in denen die Klasse ungeteilt unterrichtet wird) Übungen zum Bruchrechnen mit einbeziehen. Die Kinder sollten nicht nur Brote und Torten teilen und die Verhältnisse ansehen, sondern sie sollten sie auch hören.

Wie klingt es, wenn Viertel im Verhältnis zu Halben zusammen klingen? Höre ich die vier Viertel, wenn die Ganze dazu gespielt wird oder weiß ich es nur? Die Kinder hatten ihre selbst geschnitzten Klanghölzer in einem kleinen Säckchen immer unter dem Tisch. So konnte jeden Morgen damit geübt werden.

Jeder, der einmal angefangen hat mit rhythmischen Übungen zu arbeiten, weiß, dass es viel leichter geht, wenn ein Sprachspiel oder Unsinnsworte unterlegt werden. Einfache Viertel übten wir immer mit den Worten: O-MA – O-PA oder MIET-ZE-KAT-ZE.

Für eine ganze Epoche reichte das nicht aus, es musste mehr erfunden werden. So nahmen wir die Worte aus dem (ursprünglich plattdeutschen) Märchen der Gebrüder Grimm: *Der Fischer und seine Frau*, mit denen der Fischer sich an den Fisch wendet.

Der Fischer hat einen Butt gefangen. Der bittet ihn, ihm doch das Leben zu lassen, er sei kein richtiger Fisch, sondern ein verwunschener Prinz. Der Fischer, der ihm diesen Wunsch sofort erfüllt, erzählt später seiner Frau davon. Diese rät ihm, den Fisch um die Erfüllung eines Wunsches zu bitten. Der Fischer ist skeptisch, geht aber zum Wasser und ruft:

Maantje, Maantje, Timpe Te
Buttje, Buttje in de See
Mine Frau de Ilsebill
Will nich so as ik wol will.

Jede Zeile hat sieben Silben, die man mit einem weiteren Schlag in eine achtsilbige Zeile verwandeln kann. Bei jeder Silbe klang ein Holzschlag dazu und in der Pause hörte man den achten ohne eine Silbe. Das sprachen wir eine ganze Weile einstimmig, bis es sicher war. Dann wurde die Klasse in zwei Gruppen geteilt, die eine sprach im Wert von Halben und die andere in Vierteln, immer begleitet von Holzschlägen. Jetzt konnte man bald hören, wie lange diejenigen sprechen mussten, die die Viertel sprachen, im Vergleich zu denen, die die Halben sprachen. Die guten Rechner wussten es natürlich sofort!

Wenn die Verhältnisse ausgiebig durchgehört worden sind, kann man auch drei zu vier oder zwei zu drei oder eins zu drei durchhören. Auch drei zu drei, indem der eine Dreier in Halbe plus Viertel, der andere Dreier in Viertel plus Halbe gegeneinander gesprochen werden, ist im Zusammenhang mit der Sprache schon möglich. Für eine vierwöchige Unterrichts-Einheit hat man ausreichend damit zu üben. Hier kann man sich vorstellen, welche Fülle von Variationen es gibt, die man durchhören kann.

Es empfiehlt sich, sehr lange zweistimmig zu bleiben und nicht zu schnell in die Dreistimmigkeit zu gehen.

Ein Phänomen war es für mich zu erleben, wie sich die Stimmen der Kinder, wenn sie in diesen Rhythmen sprachen, wie zu einem Singsang erhoben. Das veranlasste mich, die Tonhöhen festzulegen, z.B. als Quinte. Diese Übung wurde zu einem Hochgenuss!

Es gilt dabei zu bedenken, dass der Klang erst aus der Sicherheit des Rhythmus geboren wird – und das braucht viel Zeit. Da bekommt man eine Ahnung davon, wie die Melodie sich aus dem Rhythmus erhebt.

Freies Singen und Flötenspielen

Das vierte Schuljahr ist die Zeit, in der man eine Fülle unserer schönsten Volkslieder lernen kann – einstimmig, zweistimmig und Kanons in allen *couleurs*. Das Vorsingen in kleinen Gruppen, allein und zu zweit kann jetzt richtig ausgekostet werden. Durch all die Jahre hindurch habe ich immer wieder einmal nur die Mädchen und nur die Jungen getrennt singen lassen. Es war mir wichtig, dass die Kinder sich in dem jeweiligen Stimmklang wahrnehmen und kennen lernen.

Nicht in allen Klassen ist es gelungen, dass die Kinder das freie Singen annahmen und Freude an den Übungen entwickelten. Aber wenn es gelang, dann waren das die kostbarsten Augenblicke im Unterricht. Die Begegnung mit der eigenen Stimme ist immer das Höchste, was erreicht werden kann, denn hier entsteht eine Innigkeit und Nähe, wie sie durch keine anderen Übungen in dem Maße hörbar wird. Nie ist man sich so nah, als wenn man sich singend (bzw. summend) begegnet.

Den Anfang bildete immer das freie Singen in der Gruppe, was ich anfangs immer selbst anleitete. Später übernahm ein Kind die zweite Gruppe, so dass ein Fragen und Antworten entstehen konnte.

In der vierten Klasse war es gut, wenn ich selber noch stark in der Führung blieb, mit dem Lernen über die Nachahmung konnte immer noch gerechnet werden. Wenn das eine Weile geübt worden war, konnten zwei Kinder versuchen, allein frei zu singen, wobei das Singen immer ein Summen war. Damit die Stimme nicht zu leise wurde, summten wir auf «no».

(Unter Summen verstehe ich in diesem Zusammenhang ein Singen ohne Worte.)

Übung

Zwei Kinder stellen sich in die Mitte des Raumes, sie wenden sich den Rücken zu und suchen, sich stimmlich zu finden. Zu Beginn ist es eine Hilfe, wenn die Aufgabe lautet: der eine führt, der andere folgt, und zwar unmittelbar, sozusagen synchron und einstimmig singend. Wenn das gut geht, kann die Übung solcherart gesteigert werden, dass die beiden singen – und währenddessen die Führung zwischen ihnen wechselt. Am schönsten ist es, wenn der Führungswechsel so geschickt vollzogen wird, dass die Zuhörer es nicht bemerken.

Wenn das Singen zweistimmig werden sollte, gab ich ein Bild (kein Bild für die Musik!). Dieses Bild half, um in die Bewegung zu kommen. Wir stellten uns vor: Die beiden Sänger sitzen gemeinsam unter einem Baum, dann steht der eine auf und geht etwas spazieren, der andere wandert in die andere Richtung, aber sie gehen nur so weit auseinander, so dass sie sich immer noch sehen bzw. hören können. Schließlich kommen sie wieder zu dem Baum zurück und setzen sich wieder darunter.

Die Kinder verstanden sogleich, was sie tun sollten.

Übung

Das erste Kind beginnt zu summen, das zweite setzt ein. Sie bleiben beide beim Singen sitzen.

Eine große Hilfe ist es anfangs, wenn der eine hoch singt, sobald der andere tief singt und umgekehrt. Das stimmliche *Wandern* in zwei Richtungen hilft ihnen, erst einmal in Bewegung zu kommen.

Um das nächste Paar aufzufordern, seine *Wanderung* zu unternehmen, ist es am einfachsten, wenn die beiden vorigen Sänger die zwei neuen aussuchen. Von den Gleichaltrigen aufgefordert zu werden ist immer leichter, als wenn der Lehrer das tut. (Das gilt übrigens für alle Übungen, nicht nur in der Musik.)

Diese Übung erzeugt eine so intensive Hörstimmung, dass sie nicht zu lange ausgedehnt werden sollte. Beim freien Summen ist man so geöffnet und so verletzlich, dass diese Übungen mit allerhöchstem Takt zu leiten sind. Aber man kann ahnen, dass diese Offenheit innerhalb einer Klassengemeinschaft ein starkes Vertrauen untereinander und ein Zusammengehörigkeitsgefühl wachsen lässt. Darauf kann man später vor allem in Konfliktsituationen bauen.

Diese Übungen kann man genauso mit den C-Flöten machen. Jetzt kommen die Kinder in das Alter, wo sich ihre Atmung immer mehr von allen Leibesvorgängen emanzipiert, sie können laufen und dabei unabhängig von ihren Schrittfolgen Töne hervorbringen. Führt man das Flöten und die gleichzeitige Bewegung zu früh ein, so wird man bemerken, dass auf jeden Schritt ein Ton gesetzt wird. Den richtigen Zeitpunkt für die folgenden Übungen kann man gut hören: Er ist gekommen, wenn die Kinder die Füße gleichmäßig bewegen und die Melodie dazu rhythmisch frei gestalten können.

Übung mit der Flöte

Um die Atmung und die Bewegung voneinander zu emanzipieren:
Ein Kind wandert flötend durch den Raum, ein zweites Kind folgt ihm und spielt dabei das, was der Vordermann spielt, unmittelbar mit, er *gehorcht*. Der Vordere hört von hinten, ob ihm richtig gefolgt wird.

Variante 1

Es folgen zwei oder sogar mehrere Kinder, und alle spielen dasselbe. Hat der erste seine Melodie beendet, geht er nach hinten, der zweite führt nun an, usw.

Variante 2

Zwei oder drei Kinder spielen die Tonleiter hinauf und hinunter, jeder spielt einen Ton, immer abwechselnd: 1. = c, 2. = d, 3. = e und so fort.

Die Viertklässler kamen mit Schuljahresbeginn auch in den Mittelstufenchor. Dazu gehörten schon die Klassen fünf und sechs. Neben dem Singen wurde hier auch geflötet. Wie schon beschrieben, verbinden sich auch 120 Choroi-Flöten sehr schön zu einem gemeinsamen Klang.

Das Leierspiel

Nachdem die Kinder die Noten gelernt hatten, konnten in der vierten Klasse auch erste Stücke gespielt werden. Die Zweistimmigkeit konnte jetzt voll zur Entfaltung kommen. Die Spielhefte, die Julius Knierim herausgegeben hat, bilden einen guten Grundstock, um auf verschiedenen Schwierigkeitsgraden mit den Kindern zu arbeiten.

Sehr zu empfehlen ist für diese Altersstufe ein Werk, das von Alois Künstler vertont wurde: *Die Kalevala – ein estnisches Epos* (Künstler, Lieder zur Leier). Da können die Schüler mit den Bordunleiern Begleitakkorde spielen und es kann dazu gesungen werden. Diese nordische Schöpfungsgeschichte ist auch eine gute Ergänzung zur *Edda*, der nordischen Schöpfungsgeschichte, die an Waldorfschulen im vierten Schuljahr den Erzählstoff bildet.

Das freie Spiel hatte in meinem Unterricht seinen festen Platz neben der komponierten Musik. Dieses Verhältnis war immer gleichwertig. Dass es in diesen Abhandlungen so wirken könnte, als sei das freie Spiel das Einzige im Unterricht gewesen, hängt nur damit zusammen, dass die Beschreibungen hier einen größeren Raum einnehmen. Wie man komponierte Lieder und Stücke mit den Kindern übt, ist ja hinlänglich bekannt und braucht nicht in dieser Ausführlichkeit dargestellt zu werden. Diese Abhandlung hat den Sinn, den freien Übungen ihren Stellenwert im Unterricht zu geben. Für die Entwicklung der Kinder halte ich sie in heutiger Zeit für wichtig. In den verschiedenen Alterstufen gibt es natürlich unterschiedliche Gewichtungen.

Übung: Strömendes Gestalten

Diese in der Arbeit mit Schülern vielfach bewährte Übung geht auf Julius Knierim zurück (Beilharz 1989a).

Ein Dirigent steht vorn, alle achten auf seine Handzeichen und spielen, was seine Hände dirigieren. Hält er seine Hände nach unten, streichen alle über die tiefen Saiten, wandern die Hände nach oben, werden die hohen Saiten gespielt. Liegen die Hände des Dirigenten nah aneinander, bedeutet es leise spielen, bewegen sich seine Hände nach außen, wird lauter gespielt. Liegen die Handflächen aufeinander, herrscht Stille.

Danach sucht sich jeder Spieler einen Ton, spielt ihn aber erst, wenn er vom Dirigenten dazu aufgefordert wird. Allmählich lernt der Dirigent erkennen, wer welchen Ton hat, nun beginnt er mit diesen Tönen zu spielen und kann so eine freie Komposition entstehen lassen. D.h. manche werden vielleicht öfter zum Spielen aufgefordert, manche weniger oder gar nicht. Der soziale Aspekt tritt jetzt zurück, der musikalische tritt in den Vordergrund, da herrschen andere Gesetzmäßigkeiten.

Es ist ein eindrucksvolles Erlebnis, einmal 15 bis 20 Leierspieler zu dirigieren. Da kann man Freiheit erleben. Nach dem gemeinsamen Spiel darf sich jeder Spieler einen neuen Ton suchen.

Variante

Zwei Gruppen sitzen sich gegenüber, zwei Dirigenten gestalten ein zweistimmiges Spielen.

Übung: Zweistimmiges freies Spiel

Zwei Kinder spielen zusammen zweistimmig, indem sie versuchen, ihre beiden Melodien in ein harmonisches Miteinander zu verflechten.

Hier gilt immer: Der einmal gespielte Ton kann nicht mehr zurückgenommen werden. Greift einmal jemand daneben, dann haben die Spieler die Aufgabe, so lange zu spielen, bis der zunächst fremd klingende Ton sich in das melodische Gebilde eingefügt hat.

Der Sonne Licht

Text: Rudolf Steiner
Musik: Lothar Reubke

Klasse 5

Takt und Rhythmus

Das große Thema der fünften Klasse heißt: Takt und Rhythmus. Die Kinder sind in diesem Alter mehr und mehr in der Lage, einen Rhythmus selbständig durchzuhalten und den Takt, der ja immer unhörbar mitschwingt, zu erleben. Das richtige Maß zu finden, ist eines der Motive, die im Unterricht einen breiten Raum einnehmen.

Die Kinder selber sind in ihrem Körperbau in meistens nahezu perfekter Harmonie. Die Stimmen sind auf dem Höhepunkt ihrer kindlichen Ausprägung und von einem Glanz, der manchmal verzücken kann. Es ist auch die Zeit, in der Kinder normalerweise am gesündesten sind. Sie sind ungeheuer geschickt, können noch vollkommen im Spiel versinken, sind aber gleichzeitig voller Wissbegier und wollen die Welt entdecken.

Längen und Kürzen, Anfang und Ende und die Zwischenräume können jetzt zum Thema gemacht werden. Das Gefühl für eine Pause innerhalb eines Stückes wird entwickelt. Die Pause ist kein lästiges Loch, sondern ein Raum, der in Stille schwingt, die äußerlich und später innerlich mit Bewegung begleitet werden kann. Der innere Seelenraum wird mehr und mehr belebt und erlebbar.

Die äußeren Bewegungen treten mehr in den Hintergrund, um den inneren Raum, der sich jetzt ausbildet, auszukundschaften.

Grundlage jeder rhythmischen Erfahrung und Darstellung ist die Bewegung. Im Rhythmus verdichtet sich der Fluss der Zeit (griechisch: rein = fließen, rheuma = Fluss, rhythmos = Zeitmaß) in räumlicher Ausbreitung. Der Zeitabstand wird in der räumlichen Distanz sichtbar und dadurch messbar, das flüchtige Fließen der Zeit wird fixierbar, Erwachsene sind an messbaren Größen, an Zeit *und* Raum *interessiert; Rhythmus wird als quantifizierbare Größe im abstrakten Taktschema festgehalten, als mensuriertes Zeichen codiert, in metrischen Zahlenwerten ausgedrückt.*

Kinder erleben anders und anderes. Für sie sind Übergänge und Verlaufsformen des Fließens *und die Erfahrung von Unterschieden des* Gewichts *(der Gewichtung) von entscheidender Bedeutung. Rhythmuslernen beginnt daher mit der Erfahrung vom Fließen und Gewicht einer Bewegung. Kinder erfahren Rhythmen auf ganz elementare Weise, in der die in fließender Bewegung schwingender Arme den Zeitstrom in den Raum projizieren [...] Kein Kind wird lernen, «im Takt» zu gehen oder einen beständigen Puls (Metrum) zu halten, wenn es nicht zuvor fähig ist, kontinuierlich fließende Bewegungen mit dem ganzen Körper zu einem rhythmisch musikalischen Geschehen auszuführen* (Gruhn 2008, S.121).

Diese Grundlage wurde in den vorangegangenen Jahren gelegt.

Das Singen

Es können jetzt Kanons mit größerem Schwierigkeitsgrad gesungen werden. Die Einsätze der verschiedenen Stimmen können durch die Bewegung sichtbar gemacht werden. Hat der Kanon drei Einsätze, so können sich die Kinder in drei Gruppen im Raum aufstellen. Fangen sie an zu singen, so gehen sie auch frei im Raum, entweder gemeinsam als Gruppe oder schon jeder für sich allein. Dann durchdringen sich die Gruppen und jeder kann selber prüfen, wie sicher er in seiner Stimme schon ist: ob er sich vom Nachbarn mitreißen lässt und sich auf einmal in dessen Gruppe wieder findet. Welch ein Siegesgefühl, wenn man einen Sänger auf seine Seite gebracht hat! Ein Wettkampf auf einer ganz anderen Ebene. Das übergeordnete Ziel bleibt natürlich das gemeinsame Singen.

Es ist immer gut, am Anfang das Ende zu bedenken; damit man nicht in das Singen und Bewegen hineinrufen muss, sollte man einiges vorher vereinbaren, z.B.: Nach zweimaligem Singen des Kanons stehen alle wieder auf ihrem Ausgangsplatz. Auch mehrstimmige Lieder können, wenn sie sicher sind, einmal auf diese Weise geübt werden.

Das freie Singen ist immer noch ein wesentlicher Teil des Unterrichts. Oft war es für die Kinder leichter, wenn das freie Singen in eine Bewegungsübung eingebettet war.

Paarübung

Etwa sechs oder sieben Paare gehen zusammen durch den Raum. Jeweils ein Kind geht voraus und führt seinen Partner mit Hilfe von zwei Bambus- oder Eurythmiestäben, die der eine am vorderen, der andere am hinteren Ende anfasst. Der hintere schließt seine Augen. Der Vordermann summt, der hintere folgt ihm summend. Sie summen gleichzeitig dasselbe. Der Raum ist erfüllt von summenden Kinderstimmen. Der Lehrer geht mit einem Klanginstrument – Zimbel, Triangel oder einem einfachen Glöckchen – zwischen den Kindern hindurch, dann bleibt er bei einem Paar stehen und spielt seinen Klang. Alle hören auf zu summen, nur das Paar, bei dem er stehen bleibt, summt weiter, bis er wieder mit seinem Klang das Zeichen zum Weitergehen und Summen gibt.

Das Spiel kann so lange fortgesetzt werden, bis alle Kinder einmal allein, bzw. zu zweit gesummt haben, die Paare wechseln das Führen und Folgen.

Im Prinzip ist es wie der *Bienenkorb* aus der ersten Klasse, aber nun geht es nicht mehr darum, die Stimmen zu raten, sondern um das freie Singen. Das erleben die Kinder als eine neue Herausforderung.

Übung: «Wie viele Stimmen sind es?

Ein Kind steht mit geschlossenen Augen in der Mitte, seine Aufgabe ist es, zu hören. Ich schicke nacheinander zwei bis fünf Kinder in den Kreis, die sich summend um den in der Mitte Stehenden bewegen. Der versucht nun zu hören, wie viele Stimmen es sind, die um ihn herum summen. Um den Schwierigkeitsgrad beurteilen zu können, übe man es am besten zuerst selber.

Es ist immer gut, eine Übung zu beenden, *bevor* die Konzentration der Kinder nachlässt. Im Laufe der Jahre entwickelt sich beim Lehrer ein feines Gespür, wann eine Übung zu Ende gehen sollte. In jedem Fall ist es ratsam, eine Übung immer so lange zu machen, bis sich über das Singen und Bewegen eine Stille ausgebreitet hat, die anzeigt, dass die Kinder zu sich gekommen sind. Dieses Bei-sich-Sein ist der Ort der schöpferischen Möglichkeiten, die das Kind in sich immer dann entdecken kann, wenn diese tätige Stille sich einstellt.

Besonders vor dem zwölften Lebensjahr und dann wieder nach dem achtzehnten Jahr sind die Kinder oder Jugendlichen am ehesten in der Lage, Freude am freien Singen zu entwickeln. Es gehört die kindliche Offenheit oder der jugendliche Mut dazu, sich mit seiner Stimme zu *zeigen*. Es mag seltsam anmuten, dass hier das Wort *zeigen* steht, aber es ist so, dass gerade dann, wenn man sich mit der Stimme frei bewegt, der Mensch mit seinem ganzen Wesen hörbar wird. Da kann man sich nicht mehr hinter einem sprachlichen Inhalt und einer vorgegebenen Melodie verstecken, sondern da tönt durch die Person das Wesen unverhüllt hindurch. Die Persona (lat.: der Durchklinger oder Durchtöner, per = durch, sonare = klingen; ursprünglich die *Maske* des Schauspielers) fällt, und man kann unmittelbar verstehen, dass man in einem bestimmten Alter – vor allem im Übergang von der Kindheit zur Jugend – nicht mehr für jedermann hörbar sein will und sich unverhüllt möglichen Verletzungen ausliefern will.

Für ein Kind ist diese Offenheit ein selbstverständlicher Zustand, wenn es nicht schon Verletzungen erlitten hat, sondern die Erfahrung gemacht hat, dass es beschützt wird. Das freie Singen ist die absolute Spitze der schöpferischen Entfaltungsmöglichkeit. Wenn von Anfang an darauf geachtet wurde, dass beim Singen nicht gelacht wird und das Singen eine Selbstverständlichkeit geworden ist, dann geht man das Wagnis eher ein, sich mit der Stimme frei und ohne Hemmungen zu bewegen. Es kann schon einmal sein, dass die Stimme krächzt oder etwas heraus kommt, was gar nicht gewollt war. Aber was heraus ist, kann nicht mehr zurückgeholt werden, es ist in der Welt. Und das macht nichts: Es ist wie es ist, und das ist gut so.

Oft waren die Momente am innigsten, in denen etwas nicht perfekt war, aber in denen der Mensch sich so gezeigt hatte, wie er war; kein Beschönigen, kein Vortäuschen, kein Verstellen. Die Aufgabe war, aus dem, was man begonnen hat, das Beste zu machen. Wer in seiner Kindheit diesen Raum geboten bekommen hat, in dem er sich so zeigen durfte wie er war – und das nicht nur einmal, sondern wieder und wieder, der kann Kräfte sammeln und mehr und mehr seine Person, d.h. sich selbst, erkennen und annehmen und sie in die Welt hinaus tönen lassen. Wie viele Menschen kennen ihre eigene Stimme gar nicht! Wenn man nur gesprochen oder im Chor gesungen hat, weiß man manchmal nicht, wie die Singstimme allein klingt.

Ist es nicht die Aufgabe der Schule, Kinder nicht nur die Welt kennen lernen zu lassen, sondern auch sich selber? Dafür braucht man keine tiefenpsychlogische Gespräche mit ihnen zu führen, das geschieht durch die Kunst, ohne Worte. Seine eigene Stimme zu hören und sich mit ihr frei mit anderen zusammen zu bewegen, das kann höchstes Glück sein. Wer einmal erlebt hat, dass die eigene Stimme mit einer anderen Stimme zusammenklingen kann, dass sie durch harmonisches und unharmonisches Miteinander, ja manchmal auch durch so genannte Missklänge hindurch zu einem gemeinsamen Schluss finden kann, der hat für seine seelische Entwicklung eine Basis bereitet, aus der Selbstvertrauen und Selbstsicherheit wachsen werden. Ich bin meine Stimme. Ich bin, so wie ich bin, in Ordnung, mich braucht die Welt, was ich tue, ist gut. So kann das freie Singen zu einer Quelle für das Selbst-Bewusstsein und zu einer Offenbarung der eigenen Kraft werden.

Alle diese Bewegungsübungen und Spiele sollte man unbedingt vorher am eigenen Leib erprobt haben. Es sind übrigens herrliche Möglichkeiten, die gemeinsamen Konferenzen einmal damit aufzulockern und dabei neue Erfahrungen zu machen. Auf diesem Weg konnte ich viele Übungen vertiefen und neue finden. Denn Bewegungsübungen erfinden sich besser in der Bewegung als am Schreibtisch!

Die Flöte

Für manche Kinder war es eine Hilfe, sich erst einmal mit der Flöte frei zu bewegen, um es später mit der Stimme zu versuchen.

Mit der Flöte können in der fünften Klasse einfache Liedformen gestaltet werden.

Selbstverständlich wurde nun viel vom Blatt gespielt, zwei- und dreistimmige Stücke und Lieder. Hier entstanden oftmals kleine Arbeitsgruppen, in denen selbständig geübt wurde. Die Kinder hatten inzwischen gelernt, sich gegenseitig zu helfen. Es entwickelte sich ein lebendiges Miteinander-Spielen.

Übung

Drei Kinder erfinden ein Lied. Der erste spielt ein Motiv, das zweite Kind führt es fort und das dritte schließt es ab. Um diese Form bewusst zu gestalten, ist es gut, wenn die drei ihre Melodie wiederholen. Für alles freie Spiel ist die Wiederholung fast eine Notwendigkeit. Dadurch wird von Anfang an das bewusste Spielen geübt. Sehr gut ist es, wenn sich zu den drei Spielern drei weitere gesellen, die sich die Melodie ihres Partners merken. Dann wird die Wiederholung von den drei neuen Spielern gespielt. Hier kann man durch die Aufgabenverteilung auch differenzieren. Nicht alle Kinder können das, aber eine ganze Reihe können durch diese Herausforderung ihre Gedächtniskräfte trainieren.

Die unten beschriebene Übung zum Rhythmus spielten wir meistens mit den Flöten.

Übung

Der Lehrer schreibt den Rhythmus eines Liedes an die Tafel, alles auf einer Tonhöhe, so dass keine Melodie zu erkennen ist. Es kann sich um den Rhythmus eines bekannten Liedes handeln, aber auch um den eines unbekannten Liedes. Der Rhythmus wird geklatscht, gelaufen, abwechselnd in zwei Gruppen, so dass sich die Kinder gegenseitig immer zuhören können.

Dann wird zu diesem Rhythmus eine Melodie erfunden. Das geschieht spontan oder auch als Aufgabe, zu Hause eine eigene Melodie aufzuschreiben. Die Bedingung ist, die aufgeschriebene Melodie selber spielen zu können.

Variante 1

Zwei Kinder spielen gleichzeitig ihre eigenen Melodien zu diesem Rhythmus, die zusammen klingen sollen.

Ist der Rhythmus vertraut, kann die Melodie des Komponisten, der dieses Lied geschrieben hat, gezeigt werden.

Manches Mal entdeckte ein Kind Ähnlichkeiten zu der selbst gemachten Melodie, dann war die Begeisterung groß. Schrieb ich den Rhythmus eines bekannten Liedes an, dauerte es bei manchen Kindern nicht lange, bis sie das Lied erkannten. Oft erlebte ich da Überraschungen, manch stilles Kind konnte seine noch nicht erkannten Fähigkeiten zum Besten geben. Welch ein Glück auch für den Lehrer, eine Übung gefunden zu haben, die ungeahnte Schätze zu Tage förderte!

Variante 2

Um das Verhältnis von Rhythmus und Takt ausgiebig zu fühlen, wurde eine *Takt-Combo* gebildet. Handelte es sich um einen Vierer-Takt, so wurden – je nach Gruppengröße – zwei- oder dreimal vier Kinder mit unterschiedlichen Rasselinstrumenten versorgt. Am schönsten war es immer, wenn die Gruppen mit ungewohnten Kombinationen bestückt wurden, also Holz, Zimbel, Rassel, Gogobell. Dann dirigierte ich die vier Gruppen, so dass die erste Gruppe immer auf der Eins spielte, die zweite auf der Zwei und so fort. Diese *Rasselbande* spielte nun sehr eindrücklich den Takt, darüber spielte nun ein Kind seine freie Melodie auf den vorgegebenen Rhythmus. Ein Kind konnte dazu mit einer großen Trommel die Eins noch verstärken.

Mit dieser *Hintergrundmusik* wollten jetzt viele ihre Melodie erfinden. Welch eine Spielfreude kam gerade durch diese etwas verrückten Klangkombinationen auf!

Variante 3

Es spielen:
- nur Takt und Rhythmus-Gruppen
- nur die Takt-Gruppe und die Flöte die Melodie,
- nur die Rhythmus-Gruppe und die Flöte die Melodie

Auf diese Weise wurde deutlich, wie die Farbigkeit durch die Melodie entsteht und wie der Takt ein Gerüst bildet, das Sicherheit vermitteln kann.

Klanglich kann man es so verändern, dass zum Beispiel der Takt auch einmal nur mit Steinen gespielt wird, der Rhythmus mit Hölzern, die Melodie auch einmal singend dazu improvisiert wird.

So wurde manchmal über Wochen an einem Lied auf die unterschiedlichste Weise geübt, so dass das Verhältnis zwischen Takt und Rhythmus für alle zum Erlebnis wurde.

Variante 4

Es klingt immer nur die Takt-Eins der tiefen Trommel, dazu improvisiert ein Schüler eine Melodie mit dem geübten Rhythmus. Takt oder Rhythmus klingen äußerlich nicht, sind aber nun intensiv unhörbar gegenwärtig. Eine sehr interessante Frage schloss sich oft daran an: Wer gibt das Tempo an? Kann man das richtige Tempo eines Liedes selber erkennen? Diese Fragen beantworteten wir uns auf folgende Weise:

Übung

Wir spielten das Lied in sehr verschiedenen Tempi, einmal extrem langsam, einmal extrem schnell, was oft zu großen Belustigungen führte. Da war sofort klar: So geht es nicht! Aber wie findet man das Tempo im Mittelfeld?

Meistens waren die Kinder sich einig, wann die gewählte Geschwindigkeit die richtige war. Was gab es da zu staunen, dass es ein richtiges Maß gab, das von allen anerkannt wurde! Es handelt sich nicht um Willkür, die sich ein Lehrer ausdenkt, sondern das Maß erwächst aus der Musik. Die Musik sagt uns, wie es richtig ist. Das war für das spätere Chorsingen eine große Hilfe. Schleppen und Davonlaufen hatten wir gründlich ausgekostet.

Variante

Großen Spaß machte es auch, wenn wir einen Kanon sehr sicher konnten und dann gemeinsam während des Singens das Tempo steigerten und wieder verlangsamten und doch dabei zusammen blieben!

Das erwachende Selbstbewusstsein erhält hier Nahrung: Ich kann das Tempo selber bestimmen und die anderen sind einverstanden! Da macht *gehorchen* Sinn und Spaß.

Nachdem so viele Übungen zu Takt und Rhythmus gemacht worden waren, wurden Rhythmus-Diktate mit viel Freude aufgegriffen. Diese Diktate waren nicht mit Angst besetzt, der Boden war bereitet.

Urworte. Orphisch

Text: J. W. v. Goethe
Musik: Lothar Reubke

So musst du sein, dir kannst du nicht ent - flie - hen,
So musst du sein, dir kannst du nicht ent - flie - hen,
so sag-ten schon Si - byl-len, so Pro - phe - ten;
so sag-ten schon Si - byl-len, so Pro - phe - ten;
und kei-ne Zeit und kei-ne Macht zer - stü - ckelt ge -
und kei-ne Zeit und kei-ne Macht zer - stü - ckelt ge -
präg - te Form, die le-bend sich ent - wi - ckelt.
präg - te Form, die le-bend sich ent - wi - ckelt.

Klasse 6

Vielfalt als Chance

Das große Thema dieser Jahrgangsstufe ist die Schulung des inneren Hörens. Die Schüler werden noch wacher für ihre Umwelt, als sie es in der fünften Klasse sind. Das Interesse an der Naturwissenschaft erwacht, in der sechsten Klasse kommt die erste Physikepoche. Neben der Optik, Elektrizität, Wärme- und Kältelehre ist die Akustik eines der großen Themen im Unterricht.

Die musikalischen Fähigkeiten differenzieren sich nun immer deutlicher. Nicht alle Schüler spielen ein klassisches Instrument, manche müssen ohne zusätzlichen Unterricht auskommen. Da gilt es für den Lehrer, immer nach Integrationsmöglichkeiten zu suchen, so dass jeder seine musikalischen Erlebnisse haben kann und nicht ausgegrenzt wird. Gerade die Musik bietet eine Chance, wenn man sich von dem Leistungsdenken lösen und die Musik als einen Schulungsweg der Seele ansehen kann, der alle immer wieder einbindet. Das ist das Alter, in dem die Schüler sich ihrer Fähigkeiten und Unfähigkeiten selber immer bewusster werden. Es darf im Musikunterricht keine Ausgrenzungen geben, es werden schließlich die sozialen Fähigkeiten geschult und gebraucht. Sind die Schüler bis hierher zusammen aufgewachsen, so sollte die soziale Kompetenz der Schüler so weit entwickelt sein, dass es in der Regel kein Ehrgeizgerangel gibt.

Die Schüler wissen sehr wohl um die Stärken und Schwächen des Einzelnen. Der eine kann gut rechnen, der andere kann schön Geige spielen, der nächste ist ein perfekter Fahrradmechaniker. Die eine kann wunderbare Kleider entwerfen, die andere zeichnet so schön und die nächste hat gerade beim Judo einen Preis gewonnen. Wie gut, dass alle etwas anderes können! Diese Vielfalt sollten wir anerkennen und keinen über den anderen erheben. Jedes Orchester ist ein Abbild unserer menschlichen Vielfalt: Wir sind verschieden, und gerade deshalb brauchen wir einander.

Das innere Hören

In der sechsten Klasse werden die rhythmischen Übungen weiter geführt und vertieft. Die *Takt-Combo* wird noch einmal aufgegriffen (siehe 5. Klasse). Jetzt ist es möglich, das innere Hören zu vertiefen.

Übung mit vier Gruppen

Vier Gruppen spielen jeweils auf ihre Zählzeit ihre Klänge. Der Lehrer dirigiert so, dass immer eine Gruppe nicht spielt, aber innerlich die Zählzeit anwesend ist. Die anderen Spieler müssen also aufpassen, dass sie nicht in die entstehende Pause hineinspielen, sondern den abwesenden Klang stumm mit einbeziehen. Das erfordert große Wachheit. Die *stillen* Schüler werden durch das Dirigat nach einiger Zeit aufgefordert, ihren Klang wieder einzureihen. Jede Gruppe kann aufgefordert werden aufzuhören, bis sogar für kurze Zeit alle nur noch stumm spielen. Dann setzt nach Aufforderung jede Gruppe mit ihrer Zählzeit wieder ein.

Man kann sich vorstellen, was für ein reizvolles rhythmisches Gebilde immer wieder neu entsteht. Auch hier möchte ich noch einmal betonen, dass der Lehrer nicht erwarten darf, dass es sofort gelingt. Es geht um das Üben. Das Ziel ist natürlich, dass es gelingt, aber die Freude darf nicht fehlen; wenn es zunächst für kurze Momente so ist, dass keiner aus der Übung aussteigt und alle die Wirkung erleben können, dann entsteht die Bereitschaft zum Weiterüben.

Man kann sich vorstellen, dass das innere Hören dadurch enorm trainiert wird. Eine echte Herausforderung ist es für die Schüler, die Gruppe selber zu dirigieren. Das wird ein Jahr später schon wesentlich besser gelingen.

Einführung der Intervalle

Das innere Hören ist eine wichtige Voraussetzung für die Einführung der Intervalle mit ihren verschiedenen Qualitäten. Gesungen wurden sie ja immer wieder, aber die Qualitäten zu untersuchen erfordert eine neue Bereitschaft, sich auf sehr subtile Prozesse einzulassen.

Jetzt kann man von den Schülern erwarten, dass sie in der Lage sind, ihr Hören selber auf bestimmte Prozesse zu lenken. Denn es verlangt eine neue Aufmerksamkeit, nicht nur die Töne zu hören, sondern das Hören auf das zu lenken, was dazwischen klingt und unhörbar ist, sich aber doch real beschreiben lässt. Nach den breit angelegten Übungen, die das Hören in die Stille führten, ist es keine Schwierigkeit, die Aufmerksamkeit der Schüler auf den Zwischenraum zu lenken.

Auch hier ist ein Bild erlaubt, das den Prozess verdeutlicht:

Wenn man einen Kiefernzweig in eine Vase und diese vor eine weiße Wand stellt, so sieht man zunächst das Braun des Zweiges und das Grün der Nadeln. Ruht der Blick eine Weile auf diesem Bild, so kann er sich *verschieben* und man schaut in das *Dazwischen*, auf die Räume zwischen den Nadeln. Man sieht das Weiß der Wand, wie es aufleuchtet zwischen dem dunklen Vordergrund – das ergibt ein völlig verändertes Bild.

Durch dieses Verschieben des Blickes wird es möglich, ganz neue Wahrnehmungen zu machen. Entsprechendes gelingt mit einiger Übung im Bereich des Hörens auch. Es ist eine Frage des Bewusstseins: Worauf will ich mein Hören lenken? Wie bewusst gelingt es mir, die Hör-Richtung zu bestimmen? Gerade durch gezielte Hörübungen können Schüler auf die sonst unbewusst bleibenden, untergründig immer mitschwingenden Stimmungen hingewiesen werden. Hier eröffnet sich ein Bereich, in dem die eigenständige Kritikfähigkeit geschult werden kann. Man lernt, nicht nur Informationen zu hören, sondern auch das, was nicht gesagt wurde, aber mitgeklungen hat. Da kann sich ein neuer Raum erschließen. Wir sagen: *der Ton macht die Musik* und meinen damit die unbewusst mitschwingenden Emotionen, die eine Aussage begleiten. Die Entdeckung und Erforschung dieser immer mitklingenden Ebenen können zu einem sicheren und differenzierten Urteil im Kommunikationsprozess führen.

In seinem Buch *Das wiedergefundene Licht* beschreibt Jacques Lusseyran (1963), wie er durch seine Blindheit – er erblindete nach einem Unfall in seinem achten Lebensjahr – eine neue Art des Hörens lernte. Er hörte durch die Worte hindurch, fühlte die Wahrheit oder Unwahrheit der Aussagen der Menschen, die mit ihm sprachen. Er konnte durch diese Fähigkeit des *Durch-Hörens* erkennen, ob die Menschen, die sich um Aufnahme in eine Widerstandsgruppe bewarben – es war in der Zeit des Nationalsozialismus in Frankreich – vertrauenswürdig waren oder sich als Spitzel einschleichen wollten. *Etwas wie eine schwarze Lichtschranke hatte sich zwischen Elio* (einen Bewerber) *und mich geschoben* (S.158). In großartiger Weise beschreibt Lusseyran im Folgenden, wie das Hörerlebnis für ihn zu einem Lichterlebnis geworden war.

Weiter heißt es: *Ich wurde nicht Musiker, und der Grund dafür war komisch. Kaum hatte ich einen Ton auf der a-,d-, g- oder c-Saite gebildet, hörte ich ihn schon nicht mehr. Ich betrachtete ihn. Töne, Akkorde, Melodien, Rhythmen, alles verwandelte sich sofort in Bilder, krumme und gerade Linien, Figuren, Landschaften und vor allem in Farben. Wenn ich mit dem Bogen die a-Saite leer anklingen ließ, sprühte vor meinen Augen ein so starkes Licht, dass ich im Spiel oft innehalten musste* (S.70).

So wie man lernen kann, durch die Worte hindurch auf das Innere des anderen Menschen zu hören, so kann man auch durch die Töne hindurch auf die Qualität des *Dazwischen* hören. Unbewusst hören wir es ja immer mit, sonst hätte die Musik nicht diese Wirkung auf uns. Gerade dieses Unbewusste immer bewusster zu machen, das Unhörbare *hörbar* werden zu lassen – das kann ab der 6. Klasse geübt werden. Eine wichtige Entdeckung dabei ist, dass das innerlich Gehörte nicht als etwas nur Subjektives erlebt werden muss. Durch die Schulung an den verschiedenen Qualitäten der Intervalle kann dieses *Dazwischen* eine objektive Welt eröffnen.

Erleben der Zwischenräume

Über viele Jahre hinweg suchte ich nach Wegen, den Schülern diese inneren Qualitäten nahe zu bringen. Ich wusste aus eigener Schulerfahrung, dass man durch das Auswendiglernen von Liedanfängen zwar schnell erfasst, um welches Intervall es sich jeweils handelt, aber die innere Beschaffenheit, die Qualität dieses Intervalls verschließt sich dadurch nur umso mehr.

Eine große Hilfe wurden uns auf dieser Suche nach einem Weg zu den inneren Qualitäten die Instrumente aus der Schmiede von Manfred Bleffert.

Da ist zu allererst das große Eisentamtam (d = 1,10m). Beim Spielen dieses Instrumentes kann man unmittelbar die Welt aller Töne erleben. In diesem Klang lebt der gesamte Kosmos, der in die Welt herein tönt, uns aber auch aus ihr hinaus reißen kann. Beim Hören dieses Klanges braucht man Kraft, um in sich stehen bleiben und gleichzeitig dem Klang nach außen zu folgen. Man nimmt etwa folgende innere Haltung ein: *Ich bin in absoluter Ruhe, ich stehe still und lasse die Gewalt des Klanges durch mich hindurchströmen. Die Klangwelt des Eisentamtams eröffnet eine erschütternd große Welt, in der ich meine ganze Kraft brauche, um mich nicht zu verlieren*. Es ist wie ein *Stehen im Klang*, es erinnert an die Intervallgebärden aus der Toneurythmie, die der Prim zugeordnet sind. Ich stehe fest mit beiden Beinen auf der Erde und fühle die Aufrichtekraft in mir. Im Erleben des Sich-Bewegens von einem Ton zu demselben entsteht äußerlich keine Bewegung, dafür aber eine um so intensivere im Innern. Die Bewegung ist ein inneres Sich-Aufrichten. Ich erlebe einen Ton, entferne mich von ihm und kehre wieder zu ihm zurück. Oder anders ausgedrückt: Ich höre einen Ton, ich bin in diesem Ton und gleichzeitig *betrachte* ich diesen Ton von außen. Während ich ihn wie von außen höre, bin ich die ganze Zeit in ihm. Diese Spannung vermag ich nur zu halten, wenn ich mein Bewusstsein aufrechterhalten kann, im Ton, bzw. in der Intervallspannung stehen kann. Durch dieses Erlebnis wurde mir eine Äußerung Rudolf Steiners zum absoluten Intervallerleben verständlich (Steiner GA 275, 1.1.1915). Nicht bestimmte Töne sind in diesem Fall von Bedeutung, sondern die innere Gestalt einer bestimmten Klanggebärde wird hörbar. Eine Prim z.B. hat immer die gleiche innere Bewegungsgebärde, man kann sie sich quasi als einen Zustand vorstellen. Es gibt also einen Intervallzustand, auch wenn er nur kurz aufklingt, den man durch Bewegung oder durch einen bewegten Klang in die Dauer bringen kann. Gerade durch die Bewegung in diesem *Dazwischen* kann er zu einem deutlichen Erlebnis werden.

Die Verbindung von Hören und Empfinden erleben die Schüler, wenn sie angeleitet werden, sich zu dem Klang des Tamtams zu bewegen. Da wir uns im Unterricht immer schon viel bewegt hatten, kannten die Schüler keine Scheu.

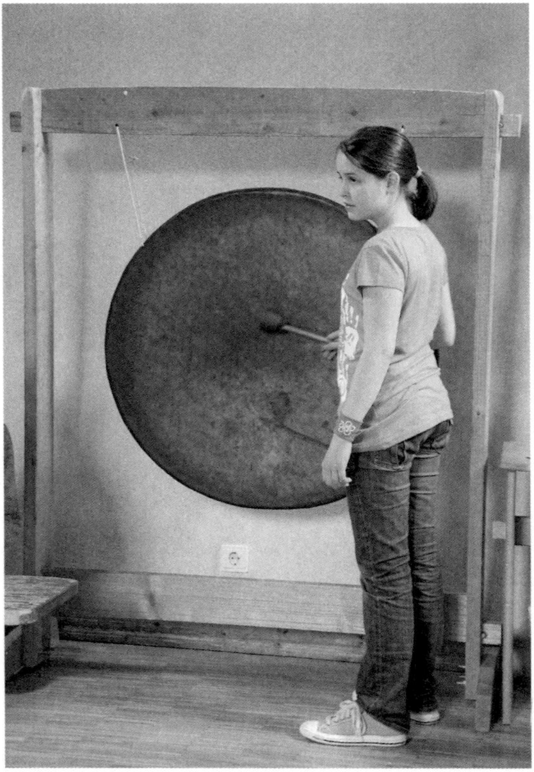

Am Ende der Stunde das Tamtam spielend

Übung

Die Schüler stehen im Raum verteilt, jeder auf sich selber konzentriert. Sie bewegen sich äußerlich fast nicht, sie stehen fast still. Ihre Versuche, in ihren Bewegungen dem zu entsprechen, was sie im Klang des Tamtams hören, lässt eine intensive Spannung im Raum entstehen. Das Erleben des Klanges bildet die Brücke zum Erleben des Intervalls.

Da die Spannung sehr intensiv wurde, wollte ich die Schüler danach mit einer anderen Klanggruppe in die Ent-Spannung führen. Wie am Schluss deutlich wurde, entstand dadurch aber keine Entspannung, sondern eine erneute Spannung – nun aber aus einer vollkommen anderen Klangsphäre heraus:

Die Schüler spielten die Triangeln und Stäbe aus Bronze. Die Stimmung veränderte sich sofort. Der Ernst, der vorher im Raum zu spüren war, löste sich in leises Kichern, die Schüler gingen aufeinander zu, stupsten sich, fingen an zu reden, es wurde eine lockere Stimmung, die sich immer mehr verbreitete. Es war ein wirkliches seelisches Ausatmen, aber es steigerte sich durch die Klänge dermaßen, dass alles zu eskalieren drohte. Der Klang dieser Instrumente bewirkte das genaue Gegenteil zum Tamtam: Waren die Schüler vorher fast zu ernst, zu still und in sich gekehrt, so waren sie nun wie von außen aus sich heraus gezogen, konnten sich kaum halten. Ich musste die Übung abbrechen, war aber sehr froh zu sehen, dass solche Wirkungen entstanden.

Nach den Hör- und Bewegungsübungen sprach ich jeweils mit den Schülern über die Intervalle und ihre verschiedenen Qualitäten. Jetzt waren sie offen, sich in die entsprechenden seelischen Gesten einzufühlen und sich darüber zu äußern.

Grenzerlebnisse

Wenn man sich in die innere Gebärde der Septime hinein versetzt, so kommt man an die Grenzen zur Selbstauflösung, zum Außer-sich-Sein. Das Crescendo der Bronzeinstrumente lässt diese Stimmung entstehen.

Diese Übung war für die Schüler wie eine Attacke. (Ich erinnere an das Kind in der 2. Klasse, das seine Bronzetriangel wegwarf und schreiend hinauslief, weil es diesen hohen, fast stechenden Schmerz auslöste.) Es waren die sehr hohen, flirrenden, schnell vibrierenden Klänge, die diese Auflösungserscheinungen hervorriefen. Ich konnte ein nahendes Chaos nur verhindern, indem ich den tiefen Klang des Tamtams spielte. Dieses pulsierende Beben, das wieder stark nach innen führte, verwandelte die ausgelassene Stimmung in der Klasse wieder in eine ruhige Konzentration.

Zwei entgegengesetzte Klangwelten standen sich gegenüber und offenbarten ihre Wirksamkeiten. Jetzt fehlte der Ausgleich, die harmonisierende Mitte, um zwischen diesen Polen das Gleichgewicht halten zu können.

Als nächstes spielten wir die großen Eisengongs (d = ca. 25 – 35 cm). Eine Hälfte der Gruppe spielte, die andere Hälfte bewegte sich dazu. Die Schüler stimmten sofort zu, dass dieser Klang eine ausgleichende Wirkung habe. Auch durch die Bewegung, die schon beim Spielen der Gongs entsteht – ein ruhiges Schwingen – kann man die ausgleichende Wirkung auf die Atmung empfinden. Die Stimmung, die durch die Stäbe und Triangeln hervorgerufen wird, entspricht der vollkommenen Ausatmung. Dazu muss man sich der Gewalt eines Intervalls in seiner absoluten Offenbarung ausliefern. Je intensiver man sich solchen Prozessen aussetzt, umso deutlicher tritt die Wahrnehmung des Unhörbaren hervor.

Das, was der *Zauberlehrling* in Goethes Ballade macht, als er den Zauberspruch, den er dem Meister abgelauscht hat, einmal selber ausprobieren will (er steht für den Menschen, der Neugierde und Lust auf die unsichtbaren Kräfte hat, die in der Welt leben), das weckt auch heute noch das Interesse von Schülern. Dass der *Zauberlehrling* diese Kräfte nicht beherrschen kann, konnten die Schüler nun verstehen. Denn nach den geschilderten Klangerfahrungen hatten manche Schüler bewusst oder unbewusst erlebt, dass sie gut beraten waren, diese Wirkungen nicht einfach zu missbrauchen. Man muss sie zu beherrschen wissen, damit sie keinen Schaden anrichten.

Durch das Intervall-Lernen, wie ich es selbst in der Schule erlebt hatte und wie es wegen seines schnellen Erfolges heute vielerorts immer noch üblich ist, hatte ich früher von diesen Kräften nichts erfahren. Die Schüler aber suchen starke Erlebnisse. Wenn sie diese in der Schule und im Elternhaus nie finden können, werden sie sie vielleicht in Alkohol oder Drogen suchen. Das Suchen nach den Bewusstseins-Grenzen und das Erlebnis der Grenzüberschreitung bahnt sich in diesem Alter an und wird in der Pubertät bis zum Exzess gesteigert. Das können häufig auch die beste Schule und das engagierteste Elternhaus nicht verhindern, gehören diese Erlebnisse doch zum Leben. Aber es kann durch starke Klangerlebnisse möglicherweise ein Schutz mitgegeben werden, der die Schüler daran erinnert, dass es jenseits der Bewusstseins-Schwelle etwas gibt, nach dem zu suchen sich lohnt.

Um diese Erfahrung zu machen, genügt es, in drei Intervalle exemplarisch intensiv einzuführen.

Die Stimmungen der Prim durch das Tamtam, der Septime durch die hohen Bronzeinstrumente und der Terz, die durch die Gongs erlebbar wurde, können stellvertretend für alle anderen stehen.

Von der Naturwissenschaft wollen die Schüler in diesem Alter wissen, wie Ursache und Wirkung zusammenhängen. Soll ihnen dieses Wissen in der Kunst vorenthalten werden, nur weil es hier nicht so offen zutage tritt?

Übung

Die Schüler stehen sich in zwei Reihen gegenüber. Eine Gruppe singt immer den Grundton, die andere antwortet mit einem anderen Ton, wobei der Zwischenraum erlebbar werden soll. So fühlen wir uns langsam in die verschiedenen Qualitäten der Intervalle ein.

Variante 1

Acht Schüler haben Flöten, einer von ihnen steht in der Mitte, die anderen stehen um ihn herum. Diejenigen, die im Kreis stehen, suchen sich einen Ton der Tonleiter und spielen ihn immer, wenn der in der Mitte Stehende den Grundton spielt und sich einem von ihnen zuwendet. Wenn die Schüler die Töne der Tonleiter der Reihe nach spielen, weiß der Mittlere schnell, wer welchen Ton spielt, welches Intervall entsteht, wenn er sich dem jeweiligen Schüler zuwendet.

Alle anderen Schüler verfolgen, ob sich in ihrem Spiel ein Weg bildet, das Intervall hörbar wird, oder ob sie nur zwei Töne nacheinander spielen

Variante 2

Übung wie mit den Flöten, jetzt mit gestimmten Gongs. Der Grundton-Spieler steht in der Mitte, die anderen stehen um ihn herum und haben die anderen Töne der Tonleiter. Der mittlere Spieler wendet sich dem Spieler zu, dessen Ton er hören will.

Eisengong (Schmiede Manfred Bleffert)

Variante 3

Ein Dirigent zeigt auf die Spieler, aber so, dass sich daraus eine Melodie ergibt, die ein nächster Dirigent wiederholen kann.

Sie dirigieren ein bekanntes Lied.

Alle Übungen dienen der Verstärkung des inneren Hörens. Das Ziel ist, die äußere Bewegung immer mehr zu reduzieren, um die innere zu steigern.

Nachdem die Intervalle: Prim, kleine und große Sekunde und Terz, Quarte, Quinte, kleine und große Sexte und Septime und die Oktave sowohl durch Bewegungen als auch Beschreibungen so vertraut sind, dass sie für die Schüler zu einem Begriff geworden sind, üben sie, sie nur noch innerlich zu hören. In der gleichen Klassenstufe üben die Kinder im Eurythmieunterricht die Intervallgebärden, und sie wissen, dass sie schon beim Erklingen des ersten Tones das folgende Intervall hören können.

Übung

Der Lehrer spielt einen Ton auf der Leier und hört das folgende Intervall nur innerlich. Um Unsicherheiten bei den Schülern zu vermeiden, lässt er sie jeweils nur zwei Intervalle hören. Man wählt am besten zwei entfernte Intervalle, z.B. die kleine Sekunde und die Oktave. Nachdem der erste Ton gespielt ist, sollen nun die Schüler den zweiten Ton innerlich fühlen. Äußerlich erklingt er also nicht. Die Schüler sagen zunächst den Namen des Tons, den sie innerlich hören. Wenn das eine Weile geübt ist, können sie den zweiten Ton singen. Immer wieder werden die zwei Intervalle gewechselt, z.B. große Sekunde und Quinte, oder Terz und Septime. Die Übung kann nur gelingen, wenn das innere Vorstellen des Lehrers, der den ersten Ton spielt, entschieden und stark genug ist.

Jedes Mal, wenn meine Konzentration nachließ, konnten die Schüler nichts hören.

Nach einiger Zeit konnten die Schüler *hören*, ob ich mir das Intervall aufwärts oder abwärts vorstelle. Je intensiver mir dieser Vorgang gelang, desto sicherer fanden die Schüler das Intervall heraus.

Den richtigen Ton treffen

Es war für mich überaus verblüffend zu erleben, wie intensiv sich die Schüler auf den Hörprozess einlassen konnten. Von außen betrachtet mag es wie ein Ratespiel erscheinen, aber wer einmal die intensive Höraufmerksamkeit der Schüler erlebt hat, der kann nur staunen über das, was sie da vollbringen. Bei diesen Übungen gibt es keine Trennung in so genannte Begabte oder Unbegabte. Es gibt nur Schüler, bei denen die musikalischen Kräfte tiefer verborgen liegen und solche, bei denen sie schneller zu entdecken sind. In dieser Kunst des Hörens waren nur Aufmerksamkeit und Einfühlungsvermögen entscheidend.

Hier geht es nicht darum, möglichst schnell durch das Vorspielen zweier Töne den Namen des Intervalls zu sagen, sondern durch eine innere Anspannung die jeweilige seelische Bewegungsspannung eines Intervalls zu ertasten und zu erleben. In dieser Art hörend zu fühlen ermöglicht es relativ schnell, auf die seelischen Gesten der Intervalle einzugehen. In einem Alter, in dem die eigenen Seelenbewegungen den Bewohner (und künftigen Beherrscher) des Seelenraums oftmals verwirren und zu betäuben drohen, kann es von großer Bedeutung sein, die sehr verschiedenen Gefühlsregister gründlich kennen zu lernen und sie auf künstlerische Weise zu gestalten. Die jeweiligen Intervallstimmungen als Seelengesten eingehend zu studieren, kann zu einem Schlüssel werden, sich die eigenen Seelenregungen immer bewusster zu erschließen.

Es ist nicht wichtig, dass man im Unterricht Vollständigkeit erreicht, dass alle Intervallspannungen geübt werden, sondern dass die Schüler überhaupt das Erlebnis haben: Ich kann Unhörbares hören lernen. Damit eröffnet sich eine neue Dimension.

Die Redewendung *Der Ton macht die Musik* deutet auf eine Schicht, die Schüler in diesem Alter sehr wohl verstehen. Sie erleben selber oft genug, dass sie sich im Ton vergreifen, den *richtigen Ton* nicht immer treffen. Die soziale Kompetenz des Hörens kann sogar zu einem sehr bewegenden Gesprächsthema werden. Die Fragen sind dann: *Höre ich wirklich, was der andere sagt? Was höre ich noch? Was höre ich ganz anders? Wie manipulierbar bin ich eigentlich?*

In einer Zeit, in der die Gewalt auch vor unseren Schulen nicht Halt macht, können die Fragen einer gewaltfreien Kommunikation unmittelbar aufgegriffen und verstanden werden. Es ist sicher jetzt auch das richtige Alter, um die Sensibilisierung für seelische Gewalt und ihre Auswirkungen im Bereich der Sprache rechtzeitig anzulegen. Im Anschluss an solche Übungen sind diese Gespräche besonders wirksam.

Die Glockenspiele

Übung

Drei Schüler sitzen in der Mitte, sie können im Kreis oder auch hintereinander sitzen und haben jeweils ein Eisenglockenspiel. Sie spielen, ohne sich dabei anzuschauen, gemeinsam die Tonleiter auf- und abwärts. Das Tempo sollte nicht von einem bestimmt werden, sondern sich aus dem Zusammenspielen aller drei ergeben. Nur durch ein intensives Hören, das

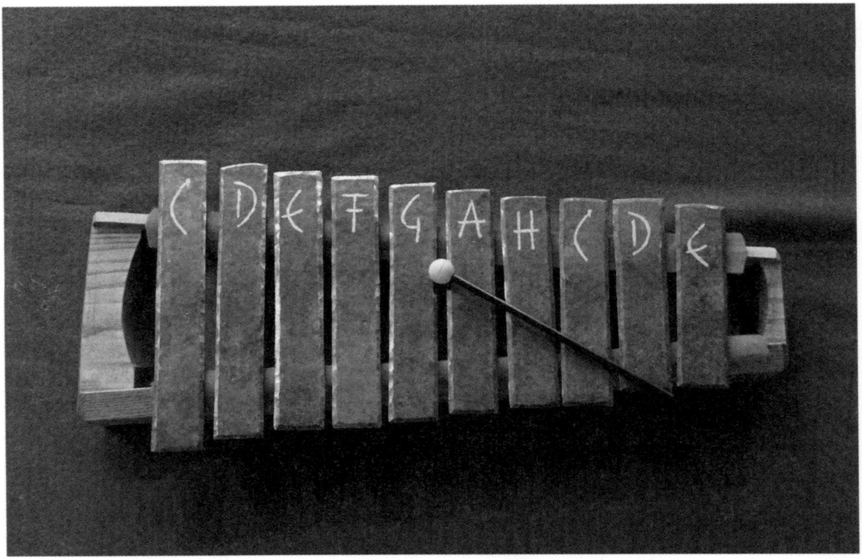

Eisenglockenspiel von Britta Stolze

sein Zentrum einerseits ganz innen hat und andererseits ganz draußen bei den anderen ist, kann ein vollkommenes Gleichmaß und ein Zusammenklang entstehen. Das innere und äußere Hören sind hier im Gleichgewicht.

Übung

Die Tonleiter soll gemeinsam gespielt werden, aber so, dass jeder nur einen Ton spielt. Also: Spieler 1 spielt Ton c, Spieler 2 spielt Ton d, Spieler 3 Ton e, usw. Es soll ein gleichmäßiger Fluss entstehen, so als gäbe es nur einen Spieler. Alle fühlen den gemeinsamen Strom, der die Töne miteinander verbindet. Für jeden Zuhörer wird unmittelbar hörbar, ob sie miteinander die Verbindung halten oder nicht.

Übung

Bei der nächsten Übung soll in derselben Art miteinander gespielt werden. Ein gleichmäßiges Metrum stellt sich ein, aber nun soll nicht mehr die Tonleiter gespielt werden, sondern eine freie Melodie. Die Regeln dafür lauten: Beim Spielen darf das Intervall der Terz nicht überschritten werden. Das Ende darf nicht unendlich lang auf sich warten lassen. Die Melodie darf nicht *in der Luft hängen bleiben.*

Variante 1

Die Spieler wiederholen ihre eigenen Töne, das heißt, die Melodie darf nur so lang werden, wie sie erinnern können.

Diese Übungen erfordern eine starke Konzentration sowohl der Spieler als auch der Zuhörer, die noch gesteigert werden kann, wenn diese Melodie (möglichst nicht zu lang) anschließend wiederholt werden soll. So werden erste Melodiegesetze geübt.

Das ist eine große Herausforderung, aber wenn die Schüler die vorher beschriebenen Übungen alle mitgemacht haben, sind sie in der Lage, sie anzunehmen. Bei diesen Übungen muss der Lehrer darauf achten, dass kein Ton und kein Zwischenraum ohne seelisches Mitbewegen gespielt wird. Ist diese innere Begleitung intensiv genug, so kann die ganze Klasse die Spannung aufrechterhalten. (Wenn in der zehnten Klasse Kontrapunktübungen gemacht werden, kann man erleben, dass die Schüler ein gesundes Empfinden für Melodiebildungen in sich ausgebildet haben.)

Die Trommeln

Neben den beschriebenen freien Übungen wurden erste Übungen mit den Trommeln gemacht. Das brachte neben der starken Konzentration eine gewisse Leichtigkeit und stellte damit das nötige Gleichgewicht wieder her.

Übung: Links – Rechts

Es wird das gleichmäßige Spielen mit rechter und linker Hand geübt.

Dann werden die Betonungen verändert, zuerst regelmäßig: Es wird eine Folge von vier mal vier Schlägen so gespielt, dass bei jedem ersten Vierer die 1 betont wird, beim zweiten Vierer die 2, beim dritten Vierer die 3 und am Schluss die 4. Die Folge wird so oft wiederholt, bis die meisten sicher sind.

Übung: Vierer und Dreier

Eine Gruppe spielt eine Weile eine Vierer-Folge, die andere Gruppe spielt eine Dreier-Folge, erst nacheinander, dann gemeinsam. Dann kann während des Spiels gewechselt werden; diejenigen, die vorher den Vierer gespielt haben, spielen nun den Dreier und umgekehrt.

Hier ist es ratsam, zwischen der Arbeit mit der ganzen Gruppe einzelne Schüler spielen zu lassen. Nach einer Folge festgelegter Rhythmen wird auf ein Zeichen eine Pause eingelegt und ein Schüler darf sein Solo spielen. Die Folge festgelegter Rhythmen kann auch schriftlich festgehalten werden und über einen längeren Zeitraum wiederholt werden. Dadurch entsteht Sicherheit in der Gruppe und Freiheit im Solo.

Ähnliche Übungen wie die mit den Kniehölzern beschriebenen aus der 4. Klasse können hier mit den Trommeln wieder aufgegriffen werden (oder auch mit hängenden Hölzern).

Übung: Imitation

Alle Schüler sitzen im Kreis, der erste spielt einen Rhythmus vor, die anderen wiederholen ihn der Reihe nach.

Variante

Ein Schüler beginnt einen Rhythmus, alle anderen fallen ein, wiederholen ihn so lange, bis der erste das Zeichen für den Schluss gibt. Der Nachbar – oder wem etwas einfällt, das kann man variieren – spielt einen neuen Rhythmus. Hier wird es besonders reizvoll, wenn die Schüler nicht mehr im gleichen Metrum bleiben.

Spiel mit hängenden Hölzern

Übung: Freie Gespräche mit drei Trommeln

Drei Schüler spielen vollkommen frei auf ihrem Instrument, sollen aber miteinander kommunizieren. Es gelten wie immer die drei Gesetze:

> *Höre auf den Anfang!*
> *Bedenke das Ende!*
> *Höre auf die anderen, aber vergiss dich selbst dabei nicht!*

Wie schöpferisch die Schüler mit ihrem Freiraum umgehen konnten, war verblüffend. Erstaunlich war es manchmal zu sehen, dass Schüler, die später zu uns gekommen waren, also alle Hörübungen, die bis hier hin geführt hatten, nicht kannten, mit diesem Freiraum gar nichts anzufangen wussten und hilflos vor ihrer Trommel saßen.

Kreativität will geübt sein. Um diesen Quell zu finden, ist es gut, früh zu beginnen. Aber man muss Spuren legen als Lehrer, damit die Schüler zuerst diesen geebneten Wegen nachgehen können, ehe sie ihre eigenen Wege finden. Nachahmung, Führung und der nötige Freiraum sind unschätzbare Helfer auf dem Weg zum schöpferischen Musizieren.

Neben all den freien Übungen, durch die das Hören in besonderer Weise vertieft wurde, spielten wir selbstverständlich auch komponierte Musik. Dadurch, dass der Fachunterricht bei uns in Epochen gegeben wurde, konnten wir freie Übungen oder Orchesterarbeit schwerpunktmäßig anbieten.

Es existierten viele Missverständnisse über die Arbeit an unserer Schule. Es hieß, da würde nur improvisiert und gar keine richtige Musik gemacht. Die Frage, was unter *richtiger* Musik zu verstehen ist, wurde dabei nie erörtert.

Bei den vorliegenden Beschreibungen war es mir ein besonderes Anliegen, gerade die freien Übungen durch die verschiedenen Jahre hindurch zu beschreiben und damit hoffentlich deutlich zu machen, dass es einen Weg gibt, von der ersten Klasse an das Hören zu intensivieren, um dadurch den Schülern Möglichkeiten zu eröffnen, *ihre* Musik zu entdecken.

In der Kunst geht man selbstverständlich davon aus, dass die Kinder ihre eigenen Bilder in sich tragen. Die Zeiten, in denen alle Kinder das gleiche Bild malen müssen, am besten noch abmalen – wie ich es in der Schule noch erlebt habe – sind hoffentlich vorbei. Aber in der Musik lebt immer noch die Meinung, dass man immer dasselbe spielen muss, was es schon gibt, das heißt komponierte, vorgegebene Musik.

Wie anders würde unsere Musikszene aussehen, wenn Kinder von klein an erleben könnten und angeleitet würden, ihre eigenen Klänge und ihre eigene Musik zu entdecken! Dann wäre das Hören zeitgenössischer Musik nicht so eine Hürde. Denn die Hürde liegt in der Art zu hören.

Zeitgenössische Musik verlangt ein aktives, intensiveres Zuhören, das wir unseren Kindern eröffnen können. Das Hören wird dabei selber zu einem schöpferischen Akt. Hans Zender beschreibt in seinem Buch *Happy New Ears* eindringlich, dass *Neue Musik, welche ihren Namen verdient, die Menschen aus aller falschen Sicherheit herausreißt und sie wieder in die Offenheit des Hörens versetzt.* Weiter führt er aus: *Es muss ein Hören entwickelt werden, das seine Erfüllung nicht in der Konstruktion respektive Dechiffrierung von ästhetischen Systemen findet, sondern das sich an dem Hier und Jetzt jedes Augenblicks, an der Aktivität des kindlichen «puren» Hörens orientiert.* Und noch einmal Zender: «*Warum hat es die Musik unserer Zeit so schwer mit dem Publikum – viel schwerer als die moderne bildende Kunst? Vielleicht weil sie eine andere, auf jeden Fall eine intensivere Art des Hörens verlangt, als die, zu der unsere Gesellschaft uns erzieht* (Zender 1991).

Auch Zender betont, dass die Pflege und das liebende Verstehen unserer Meisterwerke der europäischen Musiktradition eine Voraussetzung sind, neue Musik in ihrer Tiefe zu verstehen. Dem kann ich nur zustimmen – aber wenn das das Einzige ist, was in der Schule geschieht, dann bleibt die Frage, wann und wo die Berührung mit der neuen Musik stattfindet. Noch etwas extremer ausgedrückt, könnte man fragen: Ist die neue Musik nicht die Musik, die aus den Kindern kommt? Haben wir ein Ohr für die neue Musik? Oder meinen wir schon im Vornherein zu wissen, was neue Musik ist? Ist es vermessen, überhaupt die Musik von Kindern im Zusammenhang mit neuer Musik zu nennen?

Wer gehört hat, wie Kinder in das freie Spiel einsteigen können und mit welcher Unschuld und mit welchem Mut sie Klänge und Tonfolgen in Verbindung bringen und die innere Spannung durch die Intensität ihres Hörens aufrecht erhalten können, der kann nachvollziehen, dass diese Fragen gar nicht so weit her geholt sind. Ich hoffe deutlich gemacht zu haben, dass das freie Spiel kein Zufallsprodukt ist, auch nicht bei Kindern. Sondern dass sich durch eine Schulung über die Jahre hinweg bei den Kindern allmählich eine Qualität im Hören entwickelt, die jedes freie Spiel zu einem bewussten Tun werden lässt. Die Ergebnisse sind wiederholbar und ab der sechsten Klasse auch besprechbar.

Wichtig ist es, die richtigen Schwierigkeitsgrade für jede Altersstufe zu finden und Hörwege anzulegen und von den Kindern selber entdecken lassen. Dann können Heranwachsende auch in der Musik zu Zeitgenossen werden.

Lied des Bergmanns

Text: Novalis
Musik: Lothar Reubke

2. Wer ihrer Felsenglieder
geheimen Bau versteht,
und unverdrossen nieder
zu ihrer Werkstatt geht.

Er ist mit ihr verbündet,
und inniglich vertraut,
und wird von ihr entzündet,
als wär sie seine Braut.

Klasse 7

Individualität in der Gemeinschaft

Die Waldorfschule hat es sich auf die Fahne geschrieben, Kinder aller Begabungsarten zu fördern.

Selbstverständlich gibt es auch bei Schülern dieser Schulen sehr verschiedene Fähigkeiten in Bezug auf die Musik. Entsprechend unserem Anliegen, alle Begabungen zu integrieren, war es mir immer ein großes Bedürfnis, im Musikunterricht keine Elite heranzuziehen. Es sollten Möglichkeiten für alle geboten werden, sich in ihren Stärken und Schwächen kennen zu lernen, ohne dass menschliche Wertungen entstanden. In den Improvisationsübungen suchte ich immer Verbindungen aufzuzeigen zwischen Klanggruppen und klassischen Instrumenten. Da konnte sich jeder einbringen und keiner musste von musikalischen Erlebnissen ausgeschlossen werden. Dafür boten sich besonders die Klangstäbe an, die in der Gruppe gespielt wurden – und im Wechsel damit das freie Spiel auf einem der individuellen Melodieinstrumente.

Übung

Ungefähr acht bis zehn Schüler stehen im Kreis, jeder hat einen Bronzestabstab in der Hand. Sie beginnen gemeinsam zu schwingen, und wenn sie einen gemeinsamen Rhythmus gefunden haben, lassen sie die Stäbe in der Mitte zusammenklingen. Immer wieder treffen sich die Stäbe in der Mitte und der Klang der Stäbe schafft einen Klangraum, aus dem das Soloinstrument seinen Impuls nimmt, einzelne Töne zu spielen. Die ersten Töne des Soloinstrumentes sind das Zeichen für die Klanggruppe, ihr Spiel zu beenden und den durch sie geschaffenen Raum dem Solisten zu überlassen. Der kann sich nun klanglich ausbreiten und wiederum durch

Gemeinsames Schwingen mit Bronzestäben

Er klingt immer noch!

seine Melodieführung ankündigen, wann er zu seinem Ende kommt, um damit der Klanggruppe einen neuen Einsatz zu signalisieren.

Durch einen mehrmaligen Wechsel zwischen der Klanggruppe und dem Melodieinstrument kann ein *Gespräch* entstehen.

Ein verbales Gespräch über das Geschehen sollte sich unbedingt anschließen. Indem jeder das äußert, was er bemerkt hat, entsteht ein gemeinsames Anschauen und Reflektieren, das in dem Alter wichtig ist. Fragen der folgenden Art können helfen: *Wie hat das Spiel der Stäbe den Solisten beeinflusst und umgekehrt? Sind sie in ein Gespräch gekommen, haben sie zu lange «gesprochen»? Haben sie sich verstanden? Hatten sie Lust miteinander zu sprechen oder war es langweilig? Inwiefern veränderte sich das Spiel durch den vorherigen Beitrag?* Und so weiter.

Je mehr Beobachtungen ins Bewusstsein gehoben werden, desto mehr lernt man, die musikalischen Prozesse ins Wort zu bringen. Unsere Sprache orientiert sich gewöhnlich stark am Sehen, eine Sprache für Hörbares muss erst geschaffen werden.

Das ist für die Schüler oft ein nicht einfacher Vorgang; sie empfinden es aber als beglückend, wenn es ihnen gelingt, etwas auszudrücken, was in dieser Form noch nie gesagt worden ist. Da ist ihre Kreativität gefordert! Es zeigt sich immer wieder, dass Schüler sehr sprachschöpferisch sein können.

Sehr schön war es zu erleben, wie die verschiedenen Soloinstrumente sehr unterschiedlich auf die Art, wie die Stäbe spielten, Einfluss nahmen. Jetzt forderten die Schüler, verschiedene Instrumente auszuprobieren: Sie wollten gern hören, wie es klingt, wenn nicht die Stäbe spielten, sondern die Becken! Oder was geschah bei den Gongs?

Wenn ein solches Interesse in den Klassen entstand, hatte ich oft das Gefühl, das Ziel erreicht zu haben. Die Schüler wollten hörend und forschend suchen. War das nicht das Höchste, was ich erwarten konnte? Dass sie sich selbst auf den Weg machen, den der Pädagoge ihnen mit seiner Lampe erleuchtet hat (vgl. Kapitel I), d.h. dass sie zu eigenständigen *Selber-Lernern* werden – das ist das Ziel jeder Erziehung.

Diese Selbständigkeit hielt in der 7. Klasse noch nicht lange vor. Aber sie war aufgeleuchtet, darauf ließ sich aufbauen.

Der Instrumentenkreis

Eine Improvisationsübung, die anfänglich auch in der sechsten Klasse schon begonnen werden kann, ist die folgende:

Übung

Etwa sechs oder sieben Schüler suchen sich ein Instrument. (Im unserem Musikraum lagen viele der Instrumente in offenen Regalen, den Kindern jederzeit zugänglich.) Besonders interessant sind hierbei möglichst fremd

Ein unkonventioneller Instrumentenkreis

anmutende Kombinationen von Instrumenten, wie Triangel, Holz, Leier, Rassel, Flöte, Becken, Gong, Zimbel etc.

Jeder Schüler spielt im gleichmäßigen Tempo seinen Klang oder Ton. Nach einer Weile darf sich in einem nächsten Schritt der Rhythmus in freier Weise verändern. Dadurch entstehen Spannungen und ganz neue *Intervalle*, die für das Hören eine Erfrischung sind. Das Wort *Intervall* gebrauche ich mit Absicht, weil es um den Raum geht, der zwischen den Klängen oder den Spielern entsteht. Es geht darum, die Spannung zu halten, die sich in den Zwischenräumen aufbaut.

Diese Intervallqualitäten gewinnen in der 7. Klasse wieder besonders an Interesse.

Variante 1

Die Reihenfolge kann sich auflösen. Jeder spielt zu seiner Zeit, natürlich sollten immer die drei Gesetze beachtet werden:

Achte den Anfang, spiele aus der Stille!
Bedenke das Ende, spiele nur so lange die Aufmerksamkeit aller im Raum gegeben ist!
Höre auf die anderen und auf dich, halte das Gleichgewicht!

In allen Übungen müssen die Schüler das Gleichgewicht zwischen Spielen und Hören suchen und ausbalancieren zwischen dem eigenen Spiel und dem der Gruppe. Dazu muss das Zeitgeschehen ununterbrochen wahrgenommen werden. Trotz der gegebenen Gesetze entstehen so im Spiel immer wieder Freiräume, um der eigenen schöpferischen Aktivität ihren Spielraum zu geben. Jetzt entscheiden die Schüler selbst, ob es für den Verlauf der musikalischen Bewegung richtig ist, alle Gesetze streng zu beachten oder ob die Musik etwas anderes verlangt. Sie müssen sich fragen: Könnte es sein, dass es für diesen Augenblick wichtig ist, dass ich das Gleichgewicht für gewisse Momente außer Acht lasse und weiter spiele, auch wenn alle anderen aufgehört haben? Könnte es sein, dass ich die anderen spielen lassen sollte und mein Beitrag dieses Mal nicht wichtig ist?

Da werden innerhalb winziger Augenblicke Entscheidungen verlangt, die das ganze Spiel sofort verändern. Da wird Geistesgegenwart erwartet.

Variante 2

Der Instrumentenkreis wird von einem Schüler dirigiert.

Die Intensität wird immer dann erhöht, wenn der Dirigent wirklich das zeigt, was er hören will, und nicht z.B. willkürlich seine Freunde bevorzugt auffordert, zu spielen. Auch hier wird die Wiederholung ein Maßstab für die bewusste Gestaltung des kleinen Stückes, das entsteht.

Variante 3

Drei Schüler stehen vor der Gruppe, der erste dirigiert, der zweite wiederholt das Gehörte, der dritte beurteilt, ob und wie die Wiederholung gelungen ist.

Gemeinsames Lernen

Gerade im freien Spiel ist die Kreativität gefordert, und die Lust zu gestalten bringt eine tiefe Freude. Dieser Freiraum, in dem die eigene Musik entdeckt wird, hilft dem Schüler später, sich mit seinen Idealen und Vorsätzen zu verbinden. Das Gefühl, das sich beim freien Spiel einstellt: *Ich kann es, ich werde gehört, ich darf so sein, wie ich bin, ich töne im richtigen Augenblick und mein Klang ist für das Ganze entscheidend*, ist ein unschätzbarer Gewinn für das ganze Leben. Selber zu gestalten und zu schaffen heißt immer auch: das Selbstbewusstsein wecken und stärken. Je mehr der Jugendliche sich in seiner Kraft, mit seinen schöpferischen Fähigkeiten wahrnimmt, desto mehr entdeckt er sich selber, desto mehr findet er zu sich.

Während aller Improvisationsübungen kann man nun erleben, dass sich etwas verwandelt hat. Nicht der Lehrer erzählt den Schülern etwas, sondern der aufmerksame Lehrer erfährt ununterbrochen etwas von seinen Schülern. Der Stress lässt nach, es tritt Frieden im Klassenraum ein. Das gemeinsame Miteinander-Lernen schafft diese brüderliche Atmosphäre, in der nicht der Lehrer gegen die Schüler ankämpft oder die Schüler gegen den Lehrer, sondern man arbeitet miteinander. So sollte die Schule der Zukunft aussehen, in der Lehrer und Schüler jeden Tag etwas gemeinsam lernen und erleben.

Die Stimme und ihr Wechsel

Wenn man in den vergangenen Jahren beinah täglich mit den Kindern gesungen hat, ist die Wahrscheinlichkeit sehr hoch, dass die Jungen noch im Sopran singen. Der Stimmwechsel steht in diesem Alter aber demnächst an und ich habe immer wieder beobachtet, dass die Jungen sehr froh waren, wenn man diese kommenden Veränderungen ansprach, und zwar mit der ganzen Klasse. Die Jungen, deren Stimme sich durch den Übergang in eine andere Lage erst orientieren muss, leben in dieser Zeit in einer Verunsicherung. Sie fragen sich: *Was geschieht mit mir? Wo geht es hin? Wann komme ich dort an?*

Für die ganze Klasse bringen Gespräche über dieses Thema eine große

Beruhigung. Wenn alle wissen, dass die Stimme sich in einer Zeit der Veränderung befindet, dann braucht man sich nicht zu schämen, wenn die Stimme plötzlich zu kieksen beginnt. Die Mädchen fühlen sich *eingeweiht* in das, was mit den Jungen geschieht. Wenn man Vertrauen im Gespräch fühlt, kann man sehr gut andere Fragen der Aufklärung anschließen, auch solche, die die Mädchen betreffen. Es ist ja nicht so, als wüssten die meisten Schüler nicht schon, was sie wissen müssen. Aber wenn vom Lehrer ohne Prüderie auch intime Fragen angesprochen werden können, dann wird man sehen, wie das die Atmosphäre des Vertrauens innerhalb der Klasse um vieles hebt. Dass man in der Gemeinschaft über alles sprechen kann, das bildet ein Zusammengehörigkeitsgefühl, das in einer Zeit, die in den Familien von Trennungen und gestörten Beziehungen geprägt ist, heilsam wirkt.

Ich halte es für wichtig, dass wir von einem *Stimm-Wechsel* sprechen und das Wort *Stimmbruch* aus unserem Vokabular streichen. Wer möchte schon gern *in die Brüche* gehen? Aber ein Wechsel ist doch meistens willkommen. Haben die Jungen regelmäßig und viel gesungen, dann muss es nicht zu einem Bruch kommen. Dann kann der Übergang in drei Monaten vollzogen sein, wie ich es immer wieder in unserer Schule erleben konnte.

Der Stimmwechsel ist ein Schritt in die Erwachsenenwelt, zu der man gern gehören möchte, und er kann durch eine gemeinsame Vorbereitung zu einem freudigen Ereignis werden. Sehr wichtig ist es, dass man den Jungen nicht sagt, dass sie jetzt nicht mehr singen können, wie es leider oft geschieht Gerade jetzt sollen sie weiter singen, ganz gleich ob im Sopran, Alt, Tenor oder Bass. Dies ist die Chance, Akrobat in allen Stimmen zu werden! Aus der Not kann man einen Sport machen. Und dann: welch ein Gefühl von Männlichkeit, wenn man die tiefen Töne singen kann!

Mit meiner Klasse haben wir uns im siebten Schuljahr den *Orpheus* von Ch. W. Gluck als größeres Werk vorgenommen. Die Ouverture wurde vom Klassenorchester gespielt, alles andere übernahm das Klavier. Gesungen wurde in Sopran- und Altstimmen, Tenor und Bass waren noch nicht möglich. Die Soli sangen entweder mehrere oder auch einzelne SchülerInnen, je nach Vermögen und Lust. Auch die Jungen sangen da noch Sopranarien. Es wurde konzertant mit Klavierbegleitung aufgeführt. Einmal in diesem Alter in ein großes musikalisches Werk einzutauchen, ist ein wichtiges Erlebnis, vor allem, wenn die Stimmen gerade noch diese Herausforderung bewältigen können.

Diese Zeit kann wie das letzte Aufleuchten der untergehenden Sonne erlebt werden. Da wird noch einmal alles in ein goldenes Licht getaucht, ehe die Nacht hereinbricht. Die Pubertät kann in gewisser Weise wie eine hereinbrechende Dunkelheit erlebt werden, in der sich alles neu gestaltet. Starke Erlebnisse helfen, diese Dunkelheit aufzuhellen. Während dieser Umwälzungen, in denen die Sprache manchmal versagt, ist die Musik eine große Hilfe dabei, sich Ausdruck zu verschaffen.

Die Flöten traten nun etwas in den Hintergrund, dreistimmige Lieder wurden oft und gern gesungen. Die Trommeln hatten auch ihren festen Platz im Programm. Zwischendurch wurden von den Schülern auch immer wieder die Blindspiele eingefordert oder auch das Labyrinth. Ich hatte den Eindruck, dass die Schüler ihre Bewegungsfreude nicht zu kurz kommen ließen und gut für sich sorgten.

Der Quintenzirkel, der in der sechsten Klasse besprochen wurde, wurde zwischendurch aufgegriffen, die verschiedenen Tonarten und ihre Dreiklänge wurden auf den Leiern gespielt. Auch zu diesen Gebieten schrieben wir hin und wieder Diktate, um das Wissen zu festigen. Da die Kinder aber alles, was hier gefragt wurde, vorher durchlebt, bewegt und *durchgehört* hatten, waren die Diktate keine Angstpartie, sondern wurden gern gemacht. Sie waren zur eigenen Kontrolle da, nicht damit der Lehrer dadurch erfährt, was die Schüler können. Das sollte er auch so wissen.

Sicher ist es so, dass der Lehrer auch nicht alles weiß über seine Schüler. So konnte ich viele Jahre später durch Rückmeldung ehemaliger Schüler Dinge erfahren, die ich während der Schulzeit nicht bemerkt oder auch nur vermutet hatte. Ein Schüler, der in all den acht Jahren immer still dabei war, manchmal nur zuhörte, fast nie etwas zum Unterricht verbal beitrug, die Instrumente wie die Leier und die Flöte nicht sehr liebte, sagte viele Jahre nachdem er die Schule verlassen hatte einmal zu seiner Mutter: *Das Schönste an der Schule war doch das Singen.*

Das Leben wohnt in jedem Sterne

Text: J. W. v. Goethe
Musik: Lothar Reubke

im in-nern Er - den -
im in-nern Er - den -
Bahn; im in-nern Er-den - ball pul-sie-ren die
ball pul-sie - ren die Kräf-te, die zur Nacht uns
ball pul-sie - ren die Kräf-te, die zur Nacht uns
Kräf-te, die zur Nacht uns füh-ren und wie - der
füh - ren und wie-der zu dem Tag her - an.
füh - ren und wie-der zu dem Tag her - an.
zu dem Tag her - an.

Klasse 8

Selbständiges Anleiten von gemeinsamen Improvisationen

In der achten Klasse nahmen die Proben des Klassenspiels einen weiten Raum aller künstlerischen Unterrichte ein. So wurde im Musikunterricht die Musik für das Spiel oft aus den eigenen Reihen gemeinsam entwickelt und geprobt. Die Schüler, die auf ihrem klassischen Instrument so weit fortgeschritten waren, dass sie in das Oberstufenorchester eintreten konnten, spielten neben ihrer Rolle auf der Bühne auch im Orchester mit.

Oft kam der Musiklehrer aus der Oberstufe dazu und lernte auf diese Weise die Klasse kennen, die er dann im neunten Schuljahr übernehmen würde. Meistens komponierte er für die Klasse auf deren Instrumente und auf ihr Können eigens zugeschnittene Musik.

Und doch gab es im ersten halben Jahr noch regulären Unterricht, in dem die Improvisation zu einem vorläufigen Höhepunkt gebracht wurde. (Selbstverständlich waren die Möglichkeiten der Improvisation damit nicht erschöpft und manche Übungen wurden in der Oberstufe fortgesetzt. Aber meine Tätigkeit mit den Schülern war zu diesem Zeitpunkt abgeschlossen, weil sich mein Unterricht auf den Bereich der ersten acht Klassen beschränkte.)

Es wurden eigene Improvisations-Partituren entwickelt. Die Schüler schrieben ihre Improvisationsanweisungen auf, leiteten an und beschrieben anschließend, ob die Musik ihrer Hörvorstellung entsprochen hatte. Im Anschluss daran durften dann die Spieler beschreiben, wie es ihnen mit der Partitur gegangen ist.

1
Flöten
~
einzelne, kurze Töne
3 Becken
3 Trommeln
~
Gespräch
Flöten
~
wie zu Beginn
Kniehölzer mit 2 Schlegeln
~
einer dirigiert
plötzlicher Schluss

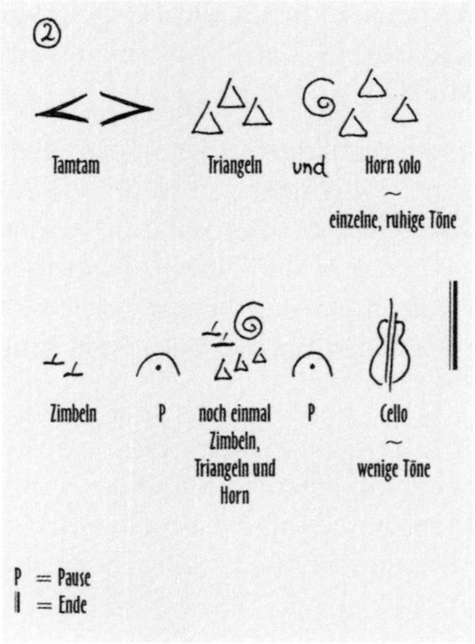
2
Tamtam
Triangeln
und
Horn solo
~
einzelne, ruhige Töne
Zimbeln
P
noch einmal Zimbeln, Triangeln und Horn
P
Cello
~
wenige Töne
P = Pause
‖ = Ende

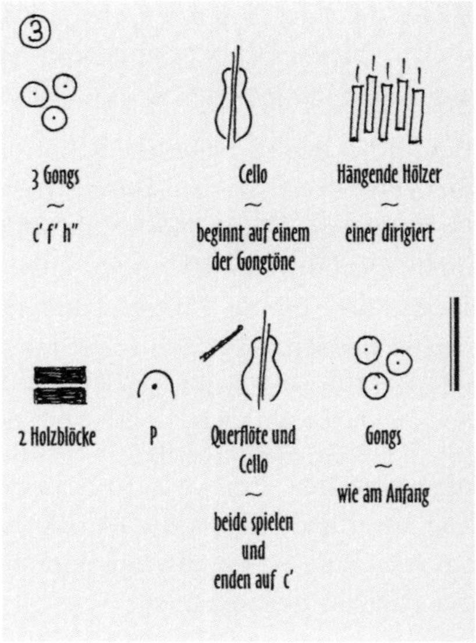
3
3 Gongs
~
c' f' h''
Cello
~
beginnt auf einem der Gongtöne
Hängende Hölzer
~
einer dirigiert
2 Holzblöcke
P
Querflöte und Cello
~
beide spielen und enden auf c'
Gongs
~
wie am Anfang

Diese Beispiele zeigen – es handelt sich natürlich nur um eine kleine Auswahl – was die vielen Vorübungen nun als *Blüte* hervorbrachten. Da konnte man über die Ausgewogenheit und Originalität der Schülerarbeiten nur staunen!

Das Tongespräch

Das *Tongepräch*, wie Julius Knierim es entwickelt hat (dazu auch Tobiassen 2004), haben wir etwas variiert.

An dieser Stelle wollte ich nicht ein so großes Instrumentarium aufbauen, wie Knierim es in Hepsisau eingerichtet hatte und das in einem eigenen Raum zum ständigen Üben bereit stand. Wir hatten drei Trommeln, drei Glockenspiele und entweder drei Leiern oder Flöten, je nachdem, wie die Schüler sich entschieden.

Übung

An drei gleichen Instrumenten saßen jeweils drei Schüler, so dass neun Schüler in Aktion kamen.

Alle saßen in Bereitschaft und warteten darauf, welche Gruppe beginnen würde. Die Reihenfolge wurde nicht verabredet, es sollte in der Stille darauf gelauscht werden, wer die Initiative ergreifen würde. Hatte einer aus einer der drei Gruppen den ersten Ton gespielt, so folgten die beiden anderen aus der gleichen Gruppe und das *Gespräch* begann. Nachdem es beendet war, setzte die zweite Gruppe ein – auch hier war nicht vorher festgelegt worden, welche es werden sollte. Diese Übergänge, in denen nichts klang, waren oft die spannungsreichsten. So *sprachen* sowohl die drei Spieler miteinander als auch die drei Gruppen. Bei solch einem Gespräch darf man sich nicht vorstellen, dass sie einen Inhalt vertonen, sondern der musikalische Prozess war der Inhalt. Da geht es um dynamische Bewegungen, um Pausen, um Stille und um den Dialog zwischen den Klängen und Tönen. Das Gespräch lebt von den musikalischen Beziehungen.

Die Dreier-Konstellation

Das Gespräch zu dritt war eine Neuerung gegenüber den Zwiegesprächen, die wir früher schon kennen gelernt hatten. Es ergaben sich daraus ganz andere und unvorhersehbare Spannungen.

Man kennt das aus menschlichen Beziehungen, wo durch das Hinzutreten eines Dritten zu einer Zweierkonstellation neue, manchmal unangenehme und schwierige, manchmal aber auch erfrischende Veränderungen entstehen können. Meist korrespondieren zwei Partner, der dritte hört zu oder bringt durch einen *Einwand* die zwei auseinander, eine neue Zweierbeziehung entsteht. Das Ziel ist auch hier, ein Strömen zwischen den Dreien entstehen zu lassen und kein Stocken oder Stehenbleiben. Sehr unerfreulich kann dieses Spiel werden, wenn zwei so zusammen spielen, dass sie dem Dritten keinen Raum geben und er gar nicht zum Zuge kommen kann. Unerquicklich ist es auch, wenn alle drei gleichberechtigt spielen wollen, was zu einem nicht mehr durchhörbaren Durcheinander wird, keiner wird wahrgenommen, alle *sprechen* gleichzeitig. Hier kann man ohne Worte viel über musikalische Prozesse lernen, die immer auch ein Spiegel des menschlichen Miteinanders sind. Und vielleicht ist es noch schlimmer, wenn keiner etwas *sagt*.

Manchmal können sich hier kleine Machtkämpfe abspielen, die durch dieses Miteinander-Spielen auf einer anderen Ebene ausgetragen werden können als auf dem Schulhof, nämlich gewaltfrei.

Der aufmerksame Lehrer kann hier sehr viel über seine Schüler erfahren.

So manches Mal war es fast noch spannender, die Zuhörer bei solchen *Gefechten* zu beobachten, als auf die Spieler zu achten. Es gibt keine Täuschung darüber, dass sie alles wahrnehmen, was hier unterschwellig ausgetragen wird. Mit welch einer taktvollen Positivität und Großzügigkeit alles mitgetragen wird, ist nur zu bewundern. Wie viele Erwachsene würden das aushalten, ohne sich einzumischen? In dieser Hinsicht kann man viel von den Schülern lernen.

Die Frage nach der Bedeutung der Klangpausen kam während dieser Übungen immer wieder zum Tragen. *Was geschieht in solch einer Pause? Wie lange ist eine Pause noch eine Pause, wann wird sie zum Schluss? Kann man eine Pause auch am Anfang der Musik hören? Kann eine Pause am Ende als eine Pause wahrgenommen werden?*

Hier ließ sich manchmal ein Gespräch über Pausen im Leben anschließen, z.B. über die Pause der Sommerferien oder über die Pause der Nacht. Was geschieht da eigentlich? Für alle war klar, dass man nach den Ferien anders wiederkommt, und dass, wenn wir nicht schlafen würden, also keine Nacht-Pausen hätten, wir keine Kraft für neue Aufgaben fänden. Auch durch die Erfahrungen aus dem Sportunterricht wussten die Schüler die Bedeutung einer Pause einzuschätzen.

Nach einer Pause kann ich also ganz anders weiterspielen als vorher, denn da ist etwas passiert. *Können wir das bemerken, können wir darauf einmal besonders achten? Kann jede der drei Gruppen eine Pause in ihrem Spiel herbeiführen?* So entsteht durch eine neue Fragestellung eine neue Art von Aufmerksamkeit.

Variante

Wenn das Spiel zu erlahmen droht, wenn es zu lange dauert und das Spiel ohne jede Aussage dahin plätschert, kann ein Schüler sich zu den Gruppen gesellen und das Spiel durch eine Zimbel oder zwei Hölzer anregen. Natürlich wird dieser Schüler vorher benannt und er kann selber entscheiden, ob er in das Spiel eingreift oder nicht.

Von einigen wurde dieser als Störenfried, von anderen als Helfer erlebt. Es ist auch im Leben nicht immer leicht sofort zu entscheiden, ob ein Störenfried auf lange Sicht nicht doch hilfreich ist. Auf jeden Fall bringt er etwas in Bewegung.

Bewegungsübungen

Bewegungsübungen, die auch die Bühnenpräsenz und die Beobachtung der eigenen Bewegung stärken, wurden immer wieder gern geübt. Viele dieser Übungen verdanke ich Pär Ahlbom.

Immer wieder konnte ich in den achten Klassen eine gewisse Ermüdungserscheinung beobachten, so waren die Bewegungsübungen oft eine willkommene Abwechslung in dem überwiegend sitzenden Lernalltag der Schüler.

Übung

Alle gehen im Raum umher, ein Klanginstrument gibt das Zeichen, dass sich alle in zwei etwa gleich großen Gruppen im Raum aufstellen sollen. Stehen alle, so wird durch ein anderes Instrument die gerade entstandene Ordnung wieder aufgelöst und alle laufen wieder im Raum.

Variante 1

Ein drittes Instrument gibt das Zeichen, dass drei etwa gleich große Gruppen entstehen sollen.

Variante 2

Ein viertes Instrument soll auffordern, sich in vier gleich große Gruppen im Raum aufzustellen. Das kann nun beliebig oft geübt werden. Immer wechselt der Vorgang zwischen Ordnung und Bewegung.

Variante 3

Stehen die Schüler einmal in vier kleinen Gruppen, so kann man die Bewegungsübung unterbrechen und einen vierstimmigem Kanon singen. Die Freude darüber, dass die gerade entstandene Ordnung einen neuen Sinn eröffnet, ist groß.

Übung: Impuls geben

Die Klasse ist in zwei gleich große Gruppen aufgeteilt. Die Mitglieder einer Gruppe stellen sich frei im Raum auf, die andere Hälfte der Schüler beginnt zu laufen. Jeder der Laufenden darf sich hinter einen Stehenden begeben, ihn zart und mit Gefühl am Rücken berühren. Der Berührte nimmt den Bewegungsimpuls seines Hintermanns auf und setzt sich nun seinerseits in Bewegung. Der Impulsgeber bleibt stehen.

In dieser Übung geht es darum, dass ein gemeinsamer Fluss entsteht, als ob sich alle gleichzeitig bewegen, obwohl immer nur eine Hälfte läuft. Der Impuls sollte immer schnell wieder abgegeben werden, damit keiner zu lange stehen bleibt und keiner zu lange läuft. Da muss man schon in der Lage sein, das gesamte Geschehen zu überblicken, das Tempo der anderen und das eigene in ein Verhältnis bringen und sich seinen Weg bahnen, ohne die anderen zu berühren.

Diese Übung kann ohne weiteres schon in der sechsten und siebten Klasse begonnen werden, aber das gleichmäßige Strömen kommt jetzt erst so richtig zum Tragen. Insofern kann man in der achten Klasse nicht nur Blüten, sondern auch Früchte ernten. Das eigenständige Strömen ist jetzt möglich.

Für pubertierende Schüler, die sich *offiziell* nicht mehr gern bewegen wollen, ist das eine sehr große Leistung. (Im Klassenraum ist das *Lümmeln* jedenfalls die beliebteste Art, sich zu zeigen.) Am Schönsten ist die Übung natürlich in einem sehr großen Raum oder auf der Bühne durchzuführen.

Übung

Einer geht langsam los, andere schließen sich an, bis die ganze Gruppe in Bewegung ist. Während sich alle in der gemeinsamen Bewegung wieder finden, beschleunigt die Gruppe gemeinsam. Wenn jemand also erst spät sich der immer schneller laufenden Gruppe anschließt, muss er in höherem Tempo dazu stoßen als die, die angefangen haben.

Haben alle das Gefühl, das Tempo sei nicht mehr steigerbar, so werden sie wieder langsamer und weniger, d.h. einer nach dem anderen verlässt den Bewegungsraum und geht an den Rand. Am Schönsten ist es nun, wenn alle die Verantwortung für das Ganze übernehmen und diejenigen, die zuerst angefangen haben sich zu bewegen auch zuerst die bewegende Gruppe wieder verlassen. Auf diese Weise kann der Prozess durch die gemeinsame Wahrnehmung gesteuert werden.

Auch hier möchte ich anmerken, dass die Übung selten auf Anhieb so entsteht, dass alle zufrieden sind, aber die dabei gemachten Entdeckungen sind das Wesentliche.

Um die wortlose Kommunikation zu üben, die ebenfalls zu den Fähigkeiten gehört, die für ein Gemeinschaftswerk wie ein Klassenspiel nötig sind, ist auch folgende Übung gut geeignet:

Übung

Wir singen ein uns bekanntes dreistimmiges Lied, aber verabreden nicht, wer welche Stimme singt. Ich gebe das Zeichen dafür, dass sich jeder für eine Stimme entscheidet, dies aber nicht laut kundtut. Dann kommt der Einsatz, alle bewegen sich und singen.

Die Aufgabe ist es, nun zu hören, ob alle drei Stimmen besetzt und ob sie etwa gleichmäßig stark vertreten sind. Wenn nicht, sollen die Schüler versuchen, das Gleichgewicht herzustellen. Der Spaß, der dabei entsteht, ist groß und Wiederholungen sind willkommen. Diese Übung schult die Wachheit und den Überblick.

Variante

Es wird ein Kanon verabredet. Die Schüler, die die erste Stimme übernehmen, beginnen gehend und singend, die zweite Stimme setzt ein, die dritte oder vierte kommen dazu. Jeder entscheidet sich selbst für eine Stimme.

Hierbei bezieht sich die Spannung nur jeweils beim Einsatz darauf, wie viele beginnen werden. Das kann man alles auch im Sitzen oder Stehen machen, und es ist auch ratsam, nachdem man sich bewegt hat, die ganze Übung ohne Bewegung noch einmal auszuführen.

Übung: Vogelschwarm

Alle bewegen sich schweigend im Raum. Jeder geht seinen eigenen Weg. Dann ergibt es sich, dass einer wie unbemerkt die Führung übernimmt und alle ihm folgen. Er führt die Gruppe an und fällt nach einer Weile nach hinten. Dadurch entsteht ein Chaos, die Führung ist verschwunden, eine neue Führung kann sich ergeben, aber natürlich ohne Absprache, nur aus der Bewegung heraus. Manchmal dauert es eine Zeit, bis eine neue Führung sich ergibt, manchmal wird man die Führung nicht wieder los, die Gruppe *klebt* an dem Anführer und lässt ihn nicht ziehen. (Für diese Übung ist ein großer Raum unabdingbar, es bietet sich auch sehr gut an im Freien zu üben.)

Im Geschichtsunterricht der achten Klasse wird die Zeit des Nationalsozialismus behandelt. Durch diese Übungen kann man unmittelbar in ein Gespräch über Führen und Folgen kommen. Den Kindern kann z.B. auffallen, wie viel leichter es ist, zu folgen, und wie verantwortlich geführt werden muss.

Gerade in der 8. Klasse ist es nach vielen Übungen sinnvoll, die Erfahrungen durch ein Gespräch auf die Bewusstseinsebene zu heben.

Medien

Auch unsere Schüler erlagen der Faszination der Medienwelt, der Gebrauch des Walkman und des MP3-Players zog in unsere Schule ein. Da hilft es weder zu verbieten noch zu moralisieren. Aber das Gespräch darüber sollte in aller Offenheit geführt werden. Als ein Schüler einmal um eine Erklärung bat, was denn das Problem dieser Medien sei, fiel mir ein Vergleich ein, der unmittelbar von allen akzeptiert wurde und zumindest zum Nachdenken anregte:

Ich sagte, dass doch sicher alle wüssten, wie man Kartoffelbrei macht, und wie er schmeckt. Neulich sei ich in einer Autobahnraststätte gewesen und hätte Kartoffelbrei bestellt. Da konnte ich zusehen, wie der Koch hinter der Theke einen Apparat bediente, in den er oben Pulver und Wasser schüttete, durch einen Knopfdruck die ganze Masse in Bewegung brachte und unten den Teller darunter hielt. Der fertige Kartoffelbrei schoss heraus. Das Seltsame war, dass er genau wie Kartoffelbrei aussah und auch wie Kartoffelbrei schmeckte. Es war aber ein Kunstprodukt.

So sei das mit der Musik aus der Maschine auch. Sie hört sich an wie echte Musik, ist genauso schön wie Musik, löst die gleichen Gefühle aus, ist aber keine wirkliche Musik. Sie *nährt* auch nicht, genauso wenig wie der falsche Kartoffelbrei. Dieses Beispiel konnten die Schüler unmittelbar verstehen und annehmen. Auf die Frage, was ihnen an der Musik aus der Maschine gefalle, erzählte ein Schüler, dass er jeden Tag seine Mutter an ihrer Arbeitsstelle besuche. Sie arbeitete in der Gemüseverpackung in einem großen Supermarkt. Er könne es dort nur aushalten, wenn er sich die Stöpsel in die Ohren stecke. Das konnte nun wiederum ich nachvollziehen!

Natürlich hatte ich trotz allem die Hoffnung, dass die Schüler sich dank der intensiven Hörschulung in der Unterstufe nicht zu exzessiv den künstlichen Klängen aussetzen und den Wert originaler Höreindrücke erkennen würden.

In der Erziehungsarbeit insgesamt kann man immer nur darauf vertrauen, dass in der Kindheit durch starke Eindrücke das Allerbeste angelegt wird, damit die Abwehrkräfte gestärkt werden und die Heranwachsenden selber die Kraft in sich finden, sich richtig zu entscheiden. Wer seine schöpferischen Fähigkeiten einmal entdeckt hat und sie über viele Jahre ausüben durfte, so dass er sich selber in diesen Prozessen kennen lernen konnte, der hat in sich eine spezielle Kraft entwickelt. Diese Kraft befähigt ihn dazu, seinen Weg zu gehen und seine Aufgabe im Leben zu finden.

Deshalb ist es von so großer Bedeutung, dass die kleinen Kinder die höchsten Inhalte geboten bekommen. Die Begegnung mit den Farben, mit den Tönen, mit hohen Inhalten in der Sprache und mit sinnvollen Texten auch in den Liedern bildet eine wertvolle Nahrung für die kindlichen Seelen. Diese Inhalte wachsen mit, wenn die Kinder größer werden. Manchmal entdeckt man bestimmte Bedeutungen erst im Alter. Wie schön, wenn es dann noch etwas zu entdecken gibt!

Anfang und Ende der Unterrichtsstunde

Wie bei einem Musikstück sind der Anfang und das Ende außerordentlich sensible Augenblicke. Wenn sie misslingen, wirkt es sich immer auf das Ganze aus. So ist es auch mit dem Unterrichtsbeginn und seinem Ende. Die drei *Gesetze* vom freien Spiel gelten auch für den Unterricht und seine Zeitgestalt.

Es kann der Tod jeder musikalischen Stimmung sein, wenn zu Beginn der Stunde der Lehrer so lange wartet, bis alle still sind und gerade sitzen. Wie immer in einem künstlerischen Prozess – und als solchen möchte ich den Unterricht verstehen – kann es auch einmal gut sein, diesen Anfang in Stille zu gestalten. Aber wenn dies zu einer alltäglichen Methode wird, erstirbt jegliche Begeisterung.

Vor allem bei den kleinen Kindern, den Schulanfängern, ist es viel natürlicher, aus einer Bewegung heraus zu beginnen, und das kann durchaus auch eine unruhige Situation sein, in der die Kinder noch ihre Instrumente herausholen, die letzten Verabredungen für den Nachhauseweg treffen, sich den neuen Bleistift zeigen oder andere für sie wichtige Nachrichten übermitteln.

Dann ist es günstig, die Kinder langsam darauf aufmerksam zu machen, dass jetzt anderes in den Mittelpunkt ihres Interesses rücken soll. Zu Beginn meiner Tätigkeit hatte ich immer die Sorge, die kostbare Zeit mit Nebensächlichkeiten zu vergeuden. Das ist aber der Blickwinkel des Erwachsenen. Von den Kindern aus gesehen sind ihre Prioritäten ganz andere. Es schadet dem Lehrer nicht, sich diese unterschiedlichen Sichtweisen immer wieder ins Bewusstsein zu rücken.

Neulich fragte ein Student in der Nachbesprechung einer Stunde, wem denn eigentlich der Unterricht *gehöre*, dem Lehrer oder den Schülern? Dass der Unterricht überhaupt jemandem *gehören* könnte, daran hatte ich noch nie gedacht. Aber diese Frage ist eine sehr weit reichende: Keiner würde doch wohl ernsthaft behaupten, der Unterricht gehöre dem Lehrer! Aber handeln wir nicht trotzdem häufig so? Selbstverständlich *gehört* der Unterricht beiden Seiten, Lehrer und Schüler *gehören* zusammen – wenn eine Seite fehlt, ist es kein Unterricht! Aber die aus uralten Schultraditionen herrührende Meinung, dass Kinder am Stundenanfang in ihren Bänken sitzen, beim Erscheinen des Lehrers aufstehen, ihn grüßen, sich still setzen und auf seine Ausführungen warten sollen, ist zum Glück überholt. Und doch lebt etwas von dieser Erwartungshaltung in den meisten Lehrern.

Wenn wir das Wort *gehören* der Vorsilbe berauben, sind wir auf der richtigen Spur: Es geht im Unterricht um das *Hören*. Es kann durchaus einmal gut sein, aus dem gemeinsamen Schweigen heraus den Unterricht zu beginnen, um auf das zu hören, was aus dem gemeinsamen Tun entsteht. Dieses Schweigen will auch geübt sein, so dass es kein *eisiges* Schweigen wird, sondern eines, in dem sich jeder wohl fühlt und lauscht auf das, was kommen will.

Ein Stundenbeginn kann zum Beispiel so aussehen:
- Der Lehrer spielt Flöte und die Kinder stimmen nacheinander mit ein, sie spielen synchron mit.
- Der Lehrer spielt auf der Flöte eine freie Melodie und wandert zu einem Kind, das in all dem Anfangsgewusel schon bemerkt, dass es beginnen soll. Dieses Kind greift den letzten Ton auf, steht auf und spielt selber frei weiter. So entsteht meistens von allein die Situation, dass es langsam still wird und alle merken: Die Stunde hat begonnen.
- Noch viel schneller kann man die Aufmerksamkeit der Kinder durch rhythmische Übungen gewinnen. Das Vor- und Nachklatschen von verschiedenen Rhythmen führt in der Regel sehr schnell dazu, dass alle Kinder ihre eigenen Interessen fallen lassen und einsteigen.
- Auch *stummes Singen*, bei dem nur mit Handbewegungen die Tonhöhen angedeutet werden, erzeugt Interesse, (die Kleinen ahmen es bald nach).
- Manchmal hilft einfache Zeichensprache, die andeutet, dass die Leiern ausgepackt werden sollen, um die Kinder in Bewegung und zur Ruhe zu bringen.

Welches Lied singen sie gerade?

Ist der Anfang gelungen, so kann das Geschehen weiter strömen und die musikalische Wirkung sich entfalten. Meistens entscheidet dieser Augenblick über den Fortlauf der Stunde. Gelingt er nämlich nicht, dann kann man tun, was man will, es kommt kein *flow* auf, es fließt nicht. Eine Übung reiht sich an die andere, man kommt irgendwie durch die Stunde, aber gemeinsame Begeisterung und Augenblicke schöpferischer Entdeckungslust wollen nicht aufkommen.

Das Stundenende ist ebenfalls ein kostbarer Moment. Je mehr es gelingt, die Kinder am Schluss in die Stille zu führen, desto mehr kann sich das musikalische Geschehen der Stunde einprägen. Endet eine Stunde nur dadurch, dass es klingelt und *die Kelle aus der Hand fällt*, dann bleibt ein schales Gefühl zurück und alles, was man angelegt hat, verfliegt und verflüchtigt sich. Oft hört man an dem Geschrei der Kinder im Flur, dass die musikalische Arbeit ihre heilende Wirkung nicht entfaltet hat, sondern die eher zerstörenden Kräfte überhand genommen haben.

Welcher Lehrer kennt das nicht: Man weiß genau, jetzt müsste etwas passieren, aber was das sein könne, das fällt einem leider gerade jetzt nicht ein!

Einige Möglichkeiten, die Stunde zu beenden:

- Wurde vorher gesungen, dann kann es eine gute Übung sein, das Lied noch einmal gemeinsam stumm zu singen. Begleitende Handbewegungen des Lehrers helfen den Kindern, den Faden nicht zu verlieren.
- Ein Bewegungsspiel führt fast immer zur Ruhe, wie die oben beschriebenen Blindspiele.
- Liegt auf dem Fußboden ein Teppich, so können zwischen allen am Boden Sitzenden Klangkugeln hin und hergerollt werden – bei jüngeren Schülern nur immer eine, bei älteren können es auch mehrere sein. (Man bekommt sie in Asien-Läden.)
- Ein Gegenstand, der nicht gezeigt wird, wird hinter einem Vorhang vorgespielt, die Schüler sollen raten, um was es sich handelt, z.B. zwei Bürsten werden aneinander gerieben, Papier wird zerrissen, um was für ein Papier handelt es sich? Ein Schuh wird geputzt, etc.
- Mit zwei Klanghölzern klopft der Lehrer die Silben einiger Namen: z.B.: ´x xx = Julian, oder: xx ´xx = Katharina, oder: x = Jan. Die genannten Kinder dürfen die Klasse als erste verlassen.
- Ein langes Seidentuch (6m) wird auf den Boden gelegt, zwei Personen halten die Enden, lassen eine Welle Luft hindurch laufen.
  Bei älteren Schülern kann dieses Seidentuch in Armhöhe gehalten werden und eine Klangkugel, die darüber rollt, wird hin und herbewegt. Da wird es nicht immer ganz still, aber das, was musikalisch vorher gemacht wurde, kann trotzdem zur Ruhe kommen (Fotos nächste Seite).
- Ein Kind hat sein Instrument mitgebracht und spielt den anderen vor.
- Der Lehrer spielt etwas vor. Eine unschätzbare Hilfe bietet hier das Spiel auf der Leier.
- Der Lehrer fordert dazu auf sich zu erinnern, wie die Stunde angefangen hat.

Die Kugel darf nicht herunterfallen.

Teamarbeit

Dieses Ende muss nicht jedes Mal zu einem Ritual werden, es ist auch gut, wenn es immer anders gestaltet wird. Der Lehrer darf nur die Wichtigkeit dieses kleinen Augenblicks nicht vergessen. Es ist dieser Moment, wenn die Musik zu Ende ist, der Dirigent abgewunken hat, aber den Taktstock gerade noch nicht senkt, sondern nachlauscht – die Stille vor dem Applaus. Damit zu spielen ist die Kunst des Lehrers, den Augenblick einmal zu dehnen und ein anderes Mal ganz kurz zu halten, aber ihn nie zu vergessen!

Dass wir diese Augenblicke des Anfangs und des Endes immer wieder so leicht vergessen, hängt auch damit zusammen, dass durch die technischen Tonträger gerade diese Augenblicke immer ausgeblendet sind. Die Stille ist eben durch die Medien nicht einzufangen. So werden uns diese Spannungsmomente geradezu aberzogen.

In der Singstunde mit den ersten drei Klassen wurde es zur Gewohnheit, dass am Ende für einen kleinen Moment nachgelauscht wurde. Das konnte dann im Mittelstufenchor (Klassen 4 – 6) als gewohnte Sitte weitergeführt werden.

Ein oft wenig beachteter Faktor ist das Zerschneiden einer jeglichen Phase des Nachlauschens durch die Schulklingel. Trotz vieler Warnungen, dass eine Schule nur mit einer Klingel existieren könne, gab es in unserer Schule keine. Die Schule besteht nun schon dreißig Jahre und es ergab sich dadurch nie ein Problem. Überzieht ein Kollege seinen Unterricht, dann würde ihn ganz bestimmt die Klingel auch nicht davon abhalten.

Es gibt immer wieder tradierte Einrichtungen, von denen man glaubt, sie seien lebenswichtig. Verändert man sie, dann wundert man sich, dass man es nicht schon früher getan hat.

Im Unterricht sollte der Lehrer immer nach der Balance zwischen der Arbeit mit Einzelnen und der Arbeit mit der ganzen Klasse suchen. Er sollte zwischen Bewegung und Ruhe, zwischen Zuhören und Instrumentalspielen oder Singen wechseln.

Alle Metallklänge führen leicht ins Hören, öffnen den hinteren Raum, schaffen eine weite Stimmung, in der sich Stille viel eher einstellt als bei Holz und Stein. Der Wechsel dieser Klangfamilien ist gut zu bedenken, er steigert die Lust zu hören und weckt die Neugierde. Bei allen Übungen, die man mit den Kindern macht, hat der Wechsel von verschiedenen Klängen eine gesundende Wirkung im Unterricht. Einatmen und Ausatmen, Wachen und *Schlafen* sind die wesentlichen Prinzipien, um einen Unterricht zu gestalten. Mitspielen fördert das Zur-Ruhe-Kommen, es ist vergleichbar mit dem Einschlafen. Nachspielen erfordert erhöhte Aufmerksamkeit, es ist wie ein Aufwachen.

Wenn es dem Lehrer dann gelingt, auch mit den Stimmungen wie *heiter*, *fröhlich* und *ernst* bis *erschüttert* zu spielen, dann kann er sich mit Recht

Erziehungskünstler nennen. Es wäre auch schön, wenn das Lachen nicht zu einer Ausnahmesituation im Unterricht würde.

Schließlich soll und darf Schule auch Spaß machen!

Die Instrumente

Immer wieder kommt die Frage nach den Instrumenten auf. Wie kann eine Schule zu einem Instrumentarium kommen, das so vielseitig wie möglich und dabei auch qualitativ hochwertig ist?

Es wäre sicher gut, wenn die Schule dafür einen Etat zur Verfügung stellen könnte. Abgesehen davon kann ich aus meinen Erfahrungen nur jedem Musiklehrer raten, sich so viel wie möglich selbst um das Zusammentragen eines Fundus zu kümmern.

Leider ist es noch nicht einmal überall Standard, dass es wenigstens einen eigenen Raum für den Musikunterricht der Unter- und Mittelstufe gibt, geschweige denn geeignete Instrumente. Für jeden Werkunterricht werden selbstverständlich Werkbänke und Werkzeug zur Verfügung gestellt, für den Musikunterricht reicht es oft nur für ein altes Klavier oder ein paar Trommeln. Deshalb empfiehlt es sich, langsam Stück für Stück selber anzuschaffen. Vielleicht kann man einmal einen Teil aus dem Erlös des Weihnachtsbasars beantragen, so dass man eine Grundausstattung anlegen kann.

Oft werde ich gefragt, was zu solch einer Grundausstattung gehört. Ich möchte keine Standards festlegen; alles hängt davon ab, welche Übungen man machen will, welche Klänge einem zusagen und welche Wirkung sie hervorrufen sollen. Wir sollten uns aber immer der Tatsache bewusst sein, dass es vieler und unterschiedlicher Klänge bedarf, um den Medien etwas Wirkungsvolles entgegen zu setzen. Gerade weil wir starke Wirkungen brauchen, sollte man die Frage nach der Qualität der Instrumente sehr ernst nehmen.

Eine Versuchsanordnung, in der die Wirkung der Klänge auf den Menschen wissenschaftlich untersucht werden könnten, wäre sehr komplex und daher nicht ohne weiteres zu leisten. Nicht nur das Material – Holz, Kupfer, Bronze, Eisen, Messing –, sondern auch die Form des Instrumentes, die Stärke und Legierung, die Spielweise sowie die Verfassung des Hörers beeinflussen das Ergebnis, so dass es immer schwer sein wird, die nötige Exaktheit in der Aussage zu erzielen.

Für den Schulgebrauch ist in jedem Fall die eigene Erfahrung und eine ausgiebige Auseinandersetzung mit den Klängen eine wichtige Voraussetzung, um entscheiden zu können, welche Instrumente man im Unterricht einsetzen kann und will.

Auch die bereits zu Anfang angesprochene Grenze zwischen Unterricht und Musiktherapie ist bedenkenswert. Denn sobald man mit solchen Klängen arbeitet, wird man sich mit den Wirkungen von Klängen auseinander setzen müssen. Die Instrumente selber offenbaren einem ihre Wirkungen, wenn man sich ihnen gegenüber öffnet.

Ein vielfältiges Instrumentarium bietet für Lehrer und Kinder einen ungeahnten Reichtum an Möglichkeiten für einen lebendigen Musikunterricht. Die schöpferische Phantasie des Lehrers kann von einer eigenen Forschungsarbeit mit den Kindern am Klang und an der Bewegung auf diese Weise immer wieder neu gespeist werden.

Holzinstrumente

Die kleinen Handhölzer kann man mit Zweitklässlern selber schnitzen. Dazu reicht ein scharfes Küchenmesser. Neben Klanghölzern, die man in den Händen halten kann, gibt es Klanghölzer, die aufgehängt sind oder solche, die am Boden liegen oder auf den Knien gespielt werden, so genannte Kniehölzer. Wenn man als Musiklehrer gute Kontakte zum Werklehrer hat oder der Werklehrer gar vorher Instrumentenbauer war, dann hat man beste Chancen, dass in seinem Unterricht nicht nur Kochlöffel entstehen, sondern Klanghölzer in allen Größen, Längen und Dicken. Je vielfältiger, umso schöner. Man kann sich mit seinen Wünschen und Vorstellungen auch an einen der einschlägigen Instrumentenbauer (siehe Anhang) wenden.

Für die höheren Klassen können auch ganze Xylophone entstehen, die

Tongespräch mit drei Xylophonen

Tonhöhen müssen nicht mit denen unseres europäischen Tonsystems übereinstimmen. Das Ohr freut sich auch immer an ungewohnten Klängen.

Alle Instrumente aus Holz bringen eher in die Bewegung, in die Leichte. Der fehlende Nachklang des Holzes schafft eine Stimmung, die ins Fröhliche, Witzige führt. Der Klang kann manchmal sogar etwas Unangenehmes haben, er ist so schnell zu Ende, dass man sich fragen kann: Was war das eigentlich? Dagegen wird man bei den Metallklängen fast in ein ehrfürchtiges Staunen versetzt durch ihren reinigenden Klang, der in die Stille führt.

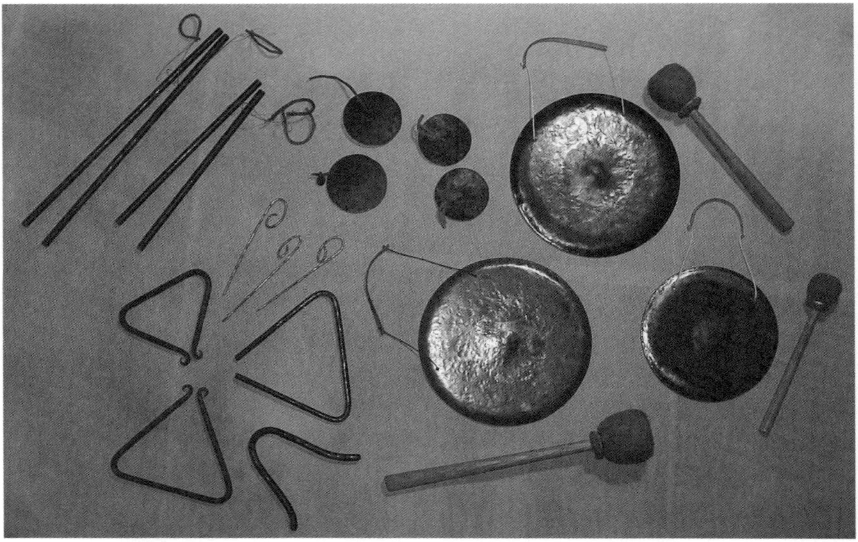

Metallinstrumente aus der Werkstatt von Dagmar Fischer

Metallinstrumente

Bevor ich aus der Schmiede von Manfred Bleffert Instrumente zur Verfügung gestellt bekam, hatte ich *Instrumente* vom Schrottplatz. Für den Anfang ist das eine Möglichkeit, aber die Qualität der Instrumente bringt gleichzeitig auch eine bestimmte Qualität des Hörens mit sich, so dass die *Schrottinstrumente* keine Dauerlösung sein können.

Wir wissen aus der Medizin, dass kleinste Beigaben von Metallen große Wirkung haben. Wenn wir Instrumente aus Bronze oder Eisen spielen, wirken die Kräfte der Metalle unmittelbar über den Klang. Zwar sind diese Vorgänge wissenschaftlich noch nicht erforscht, aber an der Wirkung auf den Hörer kann man ihre Bedeutung spüren.

Jedes Klanginstrument bietet verschiedene Möglichkeiten der Verwendung. So kann ein Bronzestab in der ersten Klasse mit einem Schlegel angestrichen werden, in der siebten Klasse können die Stäbe durch gemeinsames Schwingen zum Klingen gebracht werden. Jedes Mal entsteht eine andere Wirkung. Und doch ist die Wirkung des Bronzeklanges immer so geartet, dass sie mehr in den Umraum führt. Der Klang hat immer ein ganzes Spektrum von Wirkensweisen.

Der Klang der Triangeln kann sehr stark nach außen ziehen, der Klang der Gongs hat eine stark einhüllende, wärmende Wirkung. Das Eisen dagegen hat eine Wirkung, die mehr zentriert, die nach innen führt (siehe auch Kumpf 2004).

Öfters machte ich interessante Beobachtungen in Bezug auf die Instrumente: In unserem Musikraum hing auch ein großes Tamtam aus Eisen. Die Kinder aus den ersten zwei Klassen gingen an dem Instrument vorbei und beachteten es gar nicht. Erst die Drittklässler fragten, was das für ein Instrument sei und ob ich es einmal spielen könne. Es war, als ob sie selber wussten, wann ein Klang für sie richtig war. Dann gab es Phasen, in denen ich oft und lange diesen Klang vorspielen sollte. Nach einigen Tagen war dieses stürmische Bedürfnis befriedigt, die Kinder hatten den Klang erfahren.

In japanischen Tempeln hängen oft im Eingang zwei Instrumente: Auf der einen Seite ein großer Holzfisch und auf der anderen Seite ein großer Metallfisch. Der Holzklang fordert zu den alltäglichen Tätigkeiten auf, der Metallklang erklingt, wenn zur geistigen Arbeit gerufen wird.

Das Tätigsein und die Ruhe – verkörpert in diesen beiden Klängen – deutet darauf, dass das Wissen um die Wirkung dieser Klänge ein altes Wissen ist.

Für den Unterricht heißt das: Mit dem Holz führe ich in die *äußere Aktivierung*, mit dem Metall in die *innere Aktivierung*. Metallinstrumente führen sehr stark ins Hören, ins Nachlauschen.

Schon allein aus diesen Beschreibungen kann man eine Ahnung davon bekommen, dass die Bronze ihren stärkeren Einsatzbereich in der Unterstufe hat und das Eisen dort nur sehr sparsam eingesetzt werden sollte. Je älter die Kinder werden, desto mehr kommt der Einsatz der Eiseninstrumente zum Tragen. Die Glockenspiele, aus Eisen geschmiedet, haben einen intensiven Nachklang und bleiben länger in Erinnerung als die aus Aluminium. Letztere sind vielleicht einfacher zu spielen, da muss man sich entscheiden, wie wichtig einem der Klang ist.

Die Familie der Choroiflöten

Choroiflöten

In unserer Schule spielten wir mit den Choroi-Flöten, die in den 1960er Jahren entstanden sind. Sie wurden vor allem durch Norbert Visser, Maja und Julius Knierim und Pär Ahlbom für Kinder entwickelt. Die pentatonische Choroiflöte und die Choroi-C-Flöte sind Gruppeninstrumente, das heißt, ihr Klang verschmilzt so, dass alle Schwebungen sich ausgleichen und ein gemeinsamer, warmer Klang entstehen kann. Zudem sind sie auf die jeweils andere Atmung bei den Schulanfängern und bei den größer werdenden Schülern abgestimmt. Die pentatonische Flöte hat ein recht kleines Anblasloch; bei der C-Flöte ist es größer, so dass mehr Atemvolumen hindurch strömen kann. Für die etwa 12-Jährigen wurde eine weitere Flöte entwickelt, die A-Flöte, deren Anblasloch nun nur noch die Hälfte des Blockes bildet. Sie hat sich jedoch vor allem aus Kostengründen nicht durchgesetzt.

Die Flöten sollten gut gepflegt und regelmäßig geölt werden, dann wird der Klang immer geschmeidiger. Die Flöten sind aus einem Stück gebaut, so dass das Stimmen kein Problem ist. Ursprünglich hatten sie ein kleines Tonblöckchen, mit dem man hätte stimmen können, was aber in der Schule so gut wie nie vorkam. Das Tonblöckchen fiel manchmal heraus und verschwand, dann entstanden tatsächlich Stimmprobleme. Inzwischen wurde durch eine Weiterentwicklung dieses Problem gelöst, das Tonblöckchen ist nun sozusagen integriert.

Der Ansatz der pentatonischen Flöten ist so gestaltet, dass ein Kind einfach hinein blasen kann, ohne eine spezielle Artikulation auszubilden. Sie werden nicht wie die Blockflöte gespielt, dadurch entstehen oft Missverständnisse. Denn verwechselt man die Spielweise, dann klingen die Choroi-Flöten gar nicht schön. Trotz der einfachen Spielweise kann und muss man an der Tonbildung arbeiten und sie gestalten. Durch richtiges Vormachen lernen die Kinder es schnell; das allerdings ist die Voraussetzung.

Die Choroi-C-Flöte hat sich in den Schulen leider kaum durchgesetzt. Gerade als Klasseninstrument wäre aber ihr milder Klang eine Wohltat für die Ohren. Die Blockflöte dagegen bleibt ein Soloinstrument und man tut ihr unrecht, sie zum Gruppeninstrument zu degradieren. So erlebe ich bei Hospitationen oft, dass sehr grob geblasen wird und Stimmungsprobleme nur schwer zu meistern sind.

In unserem Mittelstufenchor, in dem ungefähr 120 Kinder zusammen kamen, wurde sowohl gesungen als auch gemeinsam geflötet. Mit diesen Flöten war es kein Problem mit so vielen zusammen zu spielen, im Gegenteil, ich hatte den Eindruck, dass der Klang erst jetzt voll zur Geltung kommen konnte.

Weitere Choroi-Instrumente

Das Wort *choroi* ist der Plural von *choros*, kommt aus dem Griechischen und bedeutet: *zusammen singen, tanzen, spielen.*

Alle Choroi-Instrumente werden in sozialtherapeutischen Werkstätten gebaut. Neben den Flöten sind die Saiteninstrumente, die Leiern, Bordun-

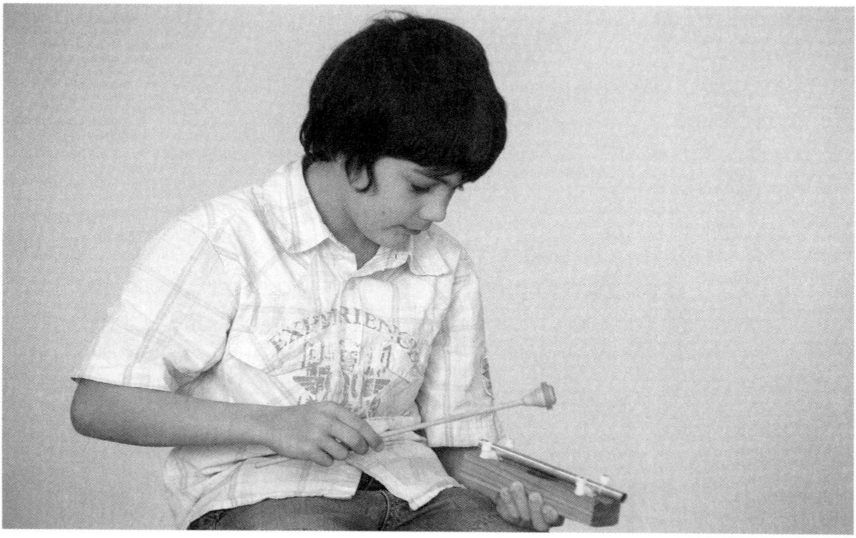

Handspiel (Choroi)

Bordunleier (Choroi)

leiern, Kinderharfen und eine Reihe von Schlagspielen entstanden. Viele Choroi-Instrumente sind Schulinstrumente. In der Arbeit mit den unteren Klassen haben sich, neben der pentonischen Flöte, vor allem die Kinderharfe und Einton-Handspiele mit Messingröhren bewährt. Aber es gibt auch ausgesprochene Soloinstrumente, wie z.B. die großen chromatisch gestimmten Leiern oder die D-Flöte.

Kinderharfe

Die Kinderharfe ist 1968 entstanden aus der Zusammenarbeit zwischen Julius Knierim, Norbert Visser und Helmut Hofstetter, der seinerzeit Werklehrer an der Waldorfschule Engelberg war. Knierim suchte ein Instrument, das dem kindlichen musikalischen Empfinden entspricht. Es sollte die sieben Töne der pentatonischen Skala haben und einen offenen Klang. So entstand ein schalenartiges Instrument ohne Resonanzraum mit sieben Saiten (mit den Tönen d`, e`, g`, a`, h`, d``, e``).

Es war ein genialer Griff von Knierim, dass er das a` in den Mittelpunkt der Skala rückte, als den zentralen Ton des kleinen Kindes. So entstanden der Quintraum nach oben und der Quintraum nach unten. Die Skala spiegelt sich um das a`. Erst die erwachsene Stimme hat ihren Zentralton, das heißt, auf dem sich die Frauen- und die Männerstimme treffen, auf d`.

Die Kinderharfe sollte rein gestimmt sein, um einen wirklichen musikalischen *Freiraum* entstehen zu lassen. Durch diese neue Ordnung entstand die Möglichkeit, Lieder zu komponieren, die sich weder in einer versteckten Dur-Stimmung noch einer Moll-Stimmung befanden, wie wir es in vielen pentatonischen Sammlungen finden, die oft in G-Dur oder in e-moll stehen.

Wenn man in dieser *Quintenstimmung*, die zwar das Tonmaterial der Pentatonik aufweist, aber von der Struktur her eine ganz andere Stimmung erzeugt, mit den Kindern singt und spielt, kann man bemerken, dass ihre Stimmen eine Leichtigkeit haben, die sie sofort verlieren, wenn sie in unserer bekannten Harmonik singen. Bis zum achten, neunten Lebensjahr können die Kinder in einer musikalischen Stimmung verbleiben, in der sie noch durch keine Harmonik gebunden werden. Die Stimmung entspricht

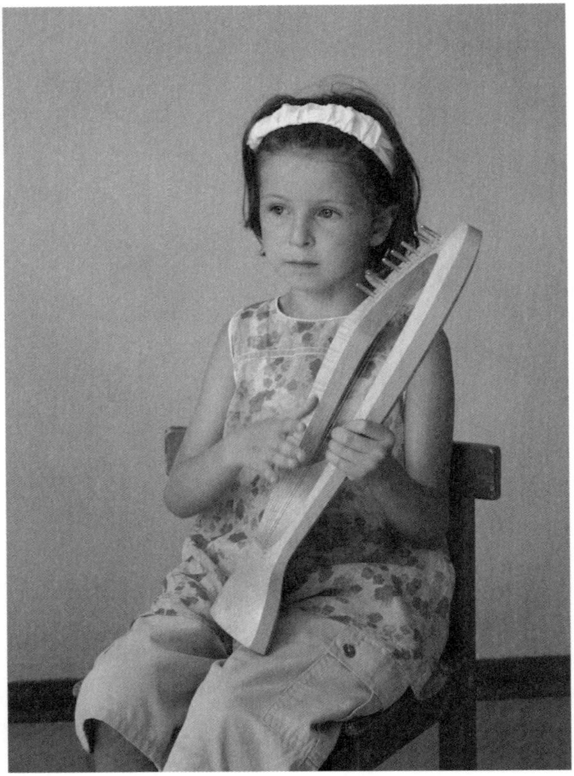

Kinderharfe (Choroi)

viel eher dem musikalischen Umkreiserleben des kleinen Kindes, da sie vollkommen freilassend ist. Kein Grundton, auf dem wir gründen, ist da, sondern eine Art musikalische Mitte entsteht, um die es schwingen kann.

Das Spielen in der Quintenstimmung in den ersten Schuljahren ist für den Lehrer immer wieder eine große Herausforderung, denn – das muss betont werden – sie ist nicht die musikalische Stimmung von uns Erwachsenen. Der Erwachsene muss sich in das Spiel innerhalb dieser Quinträume erst begeben, aber die Kinderharfe kann dafür ein wichtiger *Partner* werden.

Die Töne der Kinderharfe

Es war auch Knierims Anliegen, dass Erwachsene, die keine große musikalische Erfahrung haben, sich mit diesem Instrument sowohl in die Welt der Kinder als auch in die Welt der Töne hineinarbeiten können (Knierim 1970, 1988).

Leier

Die Leier ist ein Saiteninstrument, das durch die Zusammenarbeit zwischen dem Musiker Edmund Pracht und dem Bildhauer Lothar Gärtner 1926 *das Licht der Welt erblickte*. Es ist ein vollkommen neu entwickeltes Instrument, was der Name nicht gleich verrät. Julius Knierim erzählte uns während des Studiums gelegentlich, Pracht habe einen Traum gehabt, in dem er einen Flügel vor sich sah – er spielte Klavier zur Eurythmie –, der sich hochkant aufstellte. Das Holz verschwand und der Rahmen und die Saiten blieben übrig. Das war seine Vision von einem neuen Instrument, harfenähnlich, aber mit einem anderen Ton. Erste Entwürfe wurden von seinem Freund Gärtner weiter entwickelt und so entstanden im Herbst 1926 die ersten Instrumente. Im Laufe der letzten Jahrzehnte hat sich die Leier immer wieder gewandelt. Es gibt runde und eckige Formen, sogar Leiern ohne Resonanzraum – sie klingen erstaunlicherweise auch wie Leiern! Es entstanden große Soloinstrumente und kleine für Kinder. Es gibt inzwischen Sopran-, Alt-, Tenor- und Bassleiern.

Die Leier wird mit beiden Händen gespielt. Das Klavier als Vorbild ist insofern erhalten geblieben, als die Saiten wie bei einem Klavier angeordnet sind. *Hinten* sind die *schwarzen Tasten*, die mit der linken Hand gespielt werden, *vorn* sind die *weißen Tasten*, die mit der rechten Hand gespielt werden. Allerdings sind die hohen Töne bei der Leier links und die tiefen Töne rechts, was bei Pianisten anfangs für etwas Verwirrung sorgt.

Solo-Sopranleier (Horst Nieder, Leierbau Salem)

Kleine Sopranleier (Choroi)

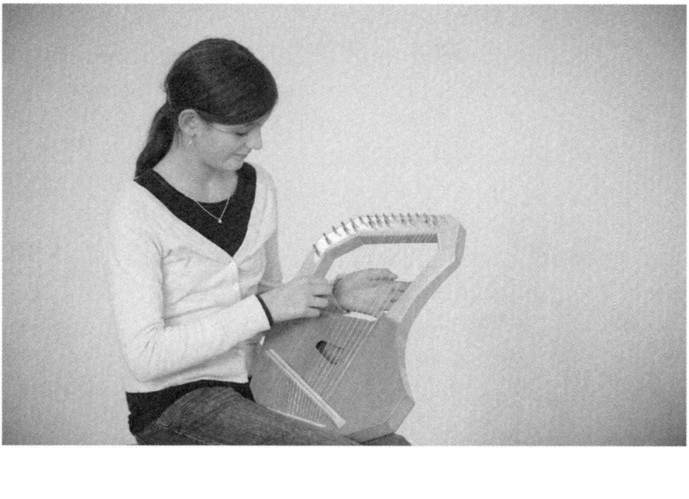

Durch die besondere Tonbildung der Leier wird die Höraufmerksamkeit in hohem Grade angeregt. Leider hat die Leier bisher ihren Einzug nur in wenige Schulen gefunden und ist bisher auch nur auf Waldorfschulen begrenzt, was sehr zu bedauern ist. Die technischen Schwierigkeiten sind relativ schnell zu überwinden und man hat mit der Leier für den Klassengebrauch neben dem Blasinstrument auch noch ein Saiteninstrument. Abwechslung für das Hören ist wichtig, es erweist sich als immer schwieriger, die Flöte als einziges Instrument zu pflegen. Sie wird auf diese Weise überstrapaziert. Der Klang der Choroi-Flöte und der der Leier verbinden sich auf das Angenehmste.

Hörender werden

Es sei am Schluss erlaubt, noch einmal die wesentlichen Gesichtspunkte zusammenzufassen, die für eine Hörschulung mit Kindern von Bedeutung sind.

In den ersten Schuljahren liegt der Schwerpunkt, neben den Bewegungsübungen, auf den melodischen Übungen. Es geht um das allmähliche Vertrautwerden mit den Verhältnissen von Hoch und Tief, vor allem durch das Mitbewegen der Tonhöhen und das Erinnern kleiner Melodien durch Vor- und Nachspielen.

Die Bewegungsübungen der ersten drei Jahre betonen die besondere Arbeit mit den Füßen. Je stärker die Füße und die Art, wie sie auf die Erde gesetzt werden, ins Bewusstsein gehoben werden, desto intensiver kann sich die Aufmerksamkeit im Zuhören entwickeln.

Danach nimmt das zwei- und später mehrstimmige Singen und Spielen einen größeren Raum ein, weil das Interesse an dem harmonischen Zusammenspiel erwacht. Ab der sechsten Klasse beginnen die rein rhythmischen Übungen. Selbstverständlich ist der Rhythmus auch vorher schon vorhanden, er ist aber verbunden mit Melodie und Text und tritt dadurch für das Bewusstsein in den Hintergrund. Jetzt kann er in reiner Form geübt werden.

Je älter die Schüler werden, desto mehr kann die Aufmerksamkeit auf den hinteren Raum gelenkt werden. Hören ist immer eine Angelegenheit des Vertrauens und des Loslassens. Je mehr man nach hinten hören kann, desto stärker kann man das empfangen, was als zu Hörendes einströmen will. Gelingt es zu hören, ohne zu sehen, so entsteht reines Hören. Kleine Kinder oder Menschen, die viel meditieren, kennen und können das.

Rückwärts gehen, von hinten spielen lassen, alle Übungen, die mit geschlossenen Augen durchgeführt werden, helfen, die Aufmerksamkeit auf den hinteren Raum zu richten.

Das Erlebnis des Hörens ist oft mit Angst verbunden. In einer Gesellschaft, in der das Sehen eine dominante Rolle spielt, sind wir daran gewöhnt, alle Hörerlebnisse mit den Augen vorzubereiten. Wenn man hört, ohne zu sehen, entstehen Schreckmomente. Werden solche Situationen aber sorgfältig vorbereitet, so wächst das Vertrauen in die Stille als einem Raum der Sicherheit.

Hören geschieht immer im Strom der Zeit. Aufmerksamkeit und Geistesgegenwart, Festhalten und Loslassen sind Fähigkeiten, die im Musikunterricht erworben werden können.

Das kleine Kind erlebt sich selbst und seine Umwelt als Einheit. Dementsprechend richtet es sein Bewusstsein immer nur auf einen Ort: auf die eigene Tätigkeit, auf das, was es gerade sieht, auf die Erzählung des Lehrers o.ä. Erst ab dem 10. Lebensjahr ist der Mensch in der Lage, seine Aufmerksamkeit nicht nur zu teilen, sondern sie in ganzer Stärke auf zwei Stellen zugleich zu richten: auf sich selbst und auf die Außenwelt. Das ist die Grundlage aller Empathie und allen sozialen Verhaltens. Es entsteht dadurch, dass der Erwachsene die Distanz empfinden kann, die zwischen Ich und Welt besteht, und sie durch innere Aktivität überwindet.

Der schöpferische Akt des Hörens kann, wenn er in der Schule über Jahre hinweg geübt wird, eine entscheidende Hilfe auf dem Weg zu diesem wichtigen Ziel sein: ganz ein Hörender zu werden.

Aus der oben geschilderten langjährigen Arbeit heraus ist auch das Institut für Audiopädie entstanden. Es wurde 2005 als freies Forschung- und Ausbildungsinstitut in Witten gegründet und hat sich die Schulung, Erforschung und Pflege der Kunst- und Kulturform des (Zu-)Hörens zur Aufgabe gesetzt (siehe Anhang).

*

Immer wieder begegne ich der Ansicht, dass alle diese Übungen nur in Wattenscheid und nur von mir so gemacht werden konnten. Sicherlich haben die Kollegen der Widar Schule damals mehr zum Gelingen solch eines Musikunterrichtes beigetragen, als ihnen wohl selber bewusst war. Denn die Bereitschaft, den Stundenplan so zu gestalten, dass ich nicht von einer Stunde zur anderen hetzen musste, war eine unabdingbare Voraussetzung, alle diese Übungen in Ruhe entwickeln zu können. Dazu gehörte, dass der gesamte Musikunterricht in Epochen gegeben und die Dauer der Unterrichtsstunden von 45 Minuten auf 60 und manchmal auf 90 heraufgesetzt wurde. Auf diese Weise hatten die Kinder vier Wochen lang jeden Tag Musik. In den Zwischenräumen war ich oft im rhythmischen Teil im morgendlichen Hauptunterricht, wo gemeinsam gesungen oder Flöte gespielt wurde. Außerdem war immer ein Bewusstsein dafür da, dass für einen guten Musikunterricht auch qualitativ hochwertige Instrumente nötig sind und – was fast noch wichtiger ist – dass ich einen Raum brauchte, der so groß war, dass sich wenigstens eine halbe Klasse darin bewegen konnte.

Insofern ist die zu Anfang genannte Ansicht richtig. Die geschilderten Bedingungen sind die Voraussetzung, um eine musikalische Arbeit in unserer Zeit über einen längeren Zeitraum ohne gesundheitliche Schäden ausüben zu können und den Kindern die Möglichkeit zu geben, sich auf die sensiblen musikalischen Prozesse einzulassen. Vor allem der Epochenunterricht ermöglichte gerade solchen Kindern einen Zugang zur Musik, die nicht von zu Hause gefördert wurden und von sich aus auch kein klassisches Instrument gespielt hätten.

Die Bereitschaft der Kollegen, in den Konferenzen – in den ersten Jahren nach der Schulgründung gab es neben der pädagogischen Konferenz auch eine künstlerische – Sinnesübungen, Blindspiele und Hör-Spiele zu üben, bildete über viele Jahre den Boden, auf dem die musikalische Arbeit zur Gemeinschaftsaufgabe wurde und die Musik tatsächlich im Mittelpunkt der Schule stand. Die gemeinsame Gestaltung der Jahresfeste schaffte mit Hilfe der Musik einen sozialen Organismus, aus dem die Kraft wuchs, viele Krisen gemeinsam zu meistern. Im geschilderten Sinne auf einander hören zu wollen war nicht nur das Anliegen des Musikunterrichtes – es lebte in jeder Klasse und wurde vor allem von den Klassenlehrern, von jedem auf seine Weise, geübt.

Wenn das Kollegium einer Schule diese Quelle entdecken kann, dann kann an jedem Ort und zu jeder Zeit eine solche Arbeit gelingen. Das Argument, die Kinder seien heute noch viel schwieriger als damals, lasse ich nicht gelten. Im Gegenteil, die Kinder sind heute bei allen Defiziten viel spiritueller und gerade diesen sensiblen Prozessen gegenüber viel empfänglicher als früher.

Die einzige Bedingung ist, dass der Lehrer sein eigenes Hören immer weiter ausbildet, indem er das Bewusstsein dafür intensiviert. Das ist keine Frage eines akustischen Trainings, sondern es erfordert lediglich eine Aktivierung des Bewusstseins.

*Die Schulung des Ohres ist vielleicht wichtiger, als wir es uns vorzustellen vermögen, und zwar nicht nur für die Entwicklung des Einzelnen, sondern auch für das Funktionieren von Gesellschaften und Staaten. Musikalisches Talent und Verständnis wie auch auditive Intelligenz sind Begabungen und Fähigkeiten, die allzu oft nicht im Zusammenhang mit der Gesamtheit des menschlichen Lebens gesehen werden; entweder weist man ihnen nur Bedeutung für den Sektor der Unterhaltung zu oder für den esoterischen Bereich der elitären Kuns*t (Barenboim 2008, S. 48).

Danksagung

Jedes Werk ruht auf den Fort-Schritten der Vorgänger. So ist meine Arbeit auch nur den vielen Wegbegleitern zu verdanken, die mich in den verschiedenen Abschnitten dieses Weges inspiriert oder auch *gestört* haben. Denn jede *Störung* ist ja auch immer ein Anstoß, einmal anders zu denken. Und das bringt voran. So möchte ich gleich mit solch einer *Störung* anfangen. Ich hatte als Jugendliche über viele Jahre Klavierunterricht und spielte im Zusammenhang meiner Jahresarbeit (*Die Kunst der Fuge*) der Klavierkollegin der Schule vor. Nachdem ich geendet hatte, blickte sie mich an und sagte unverblümt: *Sie spielen aber unmusikalisch!* Das hatte mir noch keiner gesagt, hatte ich doch bei einer Professorin der Folkwang-Hochschule Unterricht, das sollte doch etwas sein! Dieser Stachel saß tief. Aber die Frage *Was ist denn eigentlich musikalisch?*, ließ mich von nun an nicht mehr los.

Dieser Frage auf die Spur gekommen zu sein, verdanke ich meinen Lehrern der Freien Musik Schule, einem Wanderstudium für Kunst – Pädagogik – Therapie. Allen voran möchte ich da danken: Julius Knierim, Pär Ahlbom, Jürgen Schriefer, Lothar Reubke, Annemarie Loring. Durch sie habe ich die tiefsten Impulse für die musikalische Arbeit mit Kindern – oder besser: mit Menschen, aufnehmen können. Sie alle begleiteten die Arbeit an der Widar Schule Wattenscheid, an der diese Impulse zum Tragen kommen konnten, teilweise über viele Jahre. Die vielen Lieder, die Lothar Reubke für unsere Schule komponierte, zeugen auch in dieser Arbeit davon.

Dem damaligen Kollegium der Widar Schule Wattenscheid gebührt großer Dank, besonders unserem Geschäftsführer Johannes Jorberg, der mich von Anfang an ermutigte, Instrumente zu kaufen, bevor ein Schulbau alles verschlingen würde. Er sorgte auch dafür, dass die Schule einen Arbeitsvertrag mit Manfred Bleffert schloss, der uns ermöglichte, Instrumente von ihm zu beziehen, Instrumente, die gerade entstanden waren, die wir mit den Schülern erkunden konnten. Ohne diese Instrumente mit ihrer Klangqualität wäre die Arbeit wahrscheinlich gar nicht möglich geworden. Über viele Jahre hatten wir an der Schule eine künstlerische Konferenz, in der wir die vielen Übungen gemeinsam erkundeten und neue erfanden. Als wir über mehrere Jahre mit drei Musikkollegen, Dietmar Bloch und Thomas Pedroli, an der Schule arbeiten konnten, blühte das Musikleben in außerordentlicher Weise. Der erste Satz unserer Satzung lautete damals: *Im Mittelpunkt der Schule steht die Musik*.

Natürlich sei auch den Kindern der Widar Schule gedankt, dass sie alle die neuen Wege und manchmal auch Irrwege mitgemacht haben.

Meinem jetzigen Kollegium vom Wittener Institut für Waldorfpädagogik, allen voran meinen Musikkollegen Michael Kalwa und Martin Tobiassen danke ich, dass sie, in einer Zeit größter Belastungen, mir ermöglicht haben, mich zurückzuziehen und zu schreiben. Katharina Heinz und Daniel Jatzkowski danke ich, dass sie für diese Zeit des Rückzugs meinen Unterricht vertreten haben. Ein großer Dank gilt Carola Kraft, die mich vor allem in der Anfangsphase sehr ermutigt hat. Gedankt sei auch Amitay Tutter, Musiklehrer in Jerusalem, der durch seine vielen Fragen den Schreibprozess überhaupt erst in Bewegung gebracht hat.

Die Fotos der Schulkinder verdanke ich Marion Körner und den Kindern der Widar Schule. Hier danke ich den Kollegen Malin Laubert, Willi Kemmerling und Volker Scheve, die mir bereitwillig ihre Klassen zur Verfügung gestellt haben, so dass diese Fotos entstehen konnten.

Mein ganz besonderer Dank geht an Petra Janitzki, die durch ihr kompetentes Lektorat meinen Intentionen zu Form und Übersicht verholfen hat. Herrn Professor Dr. Wilfried Gruhn danke ich für sein einfühlendes Lesen des Manuskriptes und für sein Geleitwort, durch das ich mein Anliegen so gut verstanden weiß. Und zum Schluss möchte ich dem Verleger Gerhard Beilharz danken, dass er sich sofort auf dieses Abenteuer der *Hörwege* eingelassen und dem Ganzen den letzten Schliff gegeben hat. Welch ein Glück, wenn der Verleger auch noch vom Fach ist!

Reinhild Brass
Witten, 5.11.2009

Literatur

Auer, Wolfgang-Michael (2007): *Sinnes-Welten.* Kösel Verlag, München

Ausländer, Rose (1996): *Treffpunkt der Winde*. Fischer Verlag, Frankfurt/Main

Barenboim, Daniel (2008): *Klang ist Leben – Die Macht der Musik*. Siedler Verlag, München

Bastian, Hans Günther (2001): *Kinder optimal fördern – mit Musik*. Schott, Mainz

Berendt, Joachim Ernst (1996): *Das dritte Ohr*. rororo, Reinbek

Berendt, Joachim Ernst (2000): *Klang der Seele.* Herder Spektrum, Freiburg

Bauer, Joachim (2006): *Warum ich fühle, was du fühlst*. Wilhelm Heyne Verlag, München

Beilharz, Gerhard (Hg.) (1989): *Erziehen und Heilen durch Musik.* Freies Geistesleben, Stuttgart

Beilharz, Gerhard (1989a): *Strömendes Gestalten.* In: Beilharz, G..(Hg.): Erziehen und Heilen durch Musik. Freies Geistesleben, Stuttgart

Beilharz, Gerhard (Hg.) (2004) *Musik in Pädagogik und Therapie*. Freies Geistesleben, Stuttgart

Beilharz, Gerhard/Kumpf, Christiane (2005): *Übwege mit pentatonischen Choroiflöten*. edition zwischentöne, Weilheim/Teck

Blomann, Karl-Heinz/Sielecki, Frank (Hg.) (1997): *Hören – eine vernachlässigte Kunst?* Verlag Wolke, Hofheim

Bollag, Fiona (2007): *Das Mädchen, das aus der Stille kam.* Ehrenwirth Verlag, Bergisch Gladbach

Brass, Reinhild (1989): *Schöpferisches Musizieren – Musik in der Widarschule.* In: Beilharz, G. (Hg.): Erziehen und Heilen durch Musik. Freies Geistesleben, Stuttgart

Brass, Reinhild (1991): *Rein wie das feinste Gold. Kinderlieder.* Freies Geistesleben, Stuttgart

Brass, Reinhild (2004a): *Die Kraft der Stille. Über das Therapeutische in der Pädagogik.* In: Beilharz, G. (Hg.): Musik in Pädagogik und Therapie. Freies Geistesleben, Stuttgart

Brass, Reinhild (2004b): *Intervalle üben.* In: Beilharz, G. (Hg.): Musik in Pädagogik und Therapie. Freies Geistesleben, Stuttgart

Brass, Reinhild (2008): *Die Erde ist des Herrn. Lieder für die dritte Klasse.* Selbstverlag, Witten/Annen. Auslieferung: edition zwischentöne

Brown, Christy (1970): *Mein linker Fuß.* Henssel Verlag, Berlin

Csikszentmihalyi, Mihaly (1992): *Flow: Das Geheimnis des Glücks.* Klett-Cotta, Stuttgart

Gruhn, Wilfried (2008): *Der Musikverstand.* (2. Aufl.) Georg Olms Verlag, Hildesheim

Hart, Tobin (2007): *Die spirituelle Welt der Kinder.* Kailash Verlag, München

Hull, John (1990): *Im Dunkeln sehen. Erfahrungen eines Blinden.* C.H.Beck, München

von Königslöw, Christiane (2006): *Der Engel – das bin ich.* Freies Geistesleben, Stuttgart

Knierim, Julius (1970): *Quintenlieder. Übungsbuch für Erwachsene, die mit Kindern vor dem 9. Jahre singen, spielen und tanzen wollen.* Bingenheim

Knierim, Julius (1988): *Zwischen Hören und Bewegen.* Edition Bingenheim, Wuppertal

Kreutz, Gunter (2008): *Wie Kinder Musik empfinden, erleben und lieben lernen. Zur Bedeutung von Musik in der frühen Kindheit.* In: Das Online-Familienhandbuch, www.familienhandbuch.de

Kumpf, Christiane (2004): *Die Metall-Klanginstrumente von Manfred Bleffert.* In: Beilharz, G. (Hg.): Musik in Pädagogik und Therapie. Freies Geistesleben, Stuttgart

Laborit, Emmanuelle (1999): *Der Schrei der Möwe.* Bastei Lübbe, Bergisch Gladbach

Liedtke, Rüdiger (1988): *Die Vertreibung der Stille.* Bärenreiter, Kassel

Stenzl, Jürg (1998): *Luigi Nono.* rororo, Reinbek

Steiner, Rudolf (GA 275): *Kunst im Lichte der Mysterienweisheit.* 1914/1915 (3.Aufl. 1990), Rudolf Steiner Verlag, Dornach

Steiner, Rudolf (GA283): *Das Wesen des Musikalischen und das Tonerlebnis im Menschen.* (4. Aufl.1975), Rudolf Steiner Verlag, Dornach/Schweiz

Tobiassen, Martin (2004): *Das freie Tongespräch. Musikpädagogik im Jugendalter.* In: Beilharz, G. (Hg.): Musik in Pädagogik und Therapie. Freies Geistesleben, Stuttgart

Tomatis,Alfred (1987): *Der Klang des Lebens.* Rowohlt, Reinbek

Tomatis, Alfred (1997): *Das Ohr und das Leben.* Walter Verlag, Düsseldorf

Tomatis, Alfred (1998): *Das Ohr – die Pforte zum Schulerfolg.* Verlag modernes lernen, Dortmund

Visser, Norbert (ohne Jahr): *Das 20. Jahrhundert und die Zukunft der Musik.* Manuskriptdruck

Zender, Hans (1991): *Happy New Ears.* Herder Spektrum, Freiburg

Zender, Hans (1996): *Wir steigen niemals in denselben Fluss.* Herder Spektrum, Freiburg

Filme

Autonomie statt Anpassung: Pär Ahlbom – Intuitive Pädagogik. Von John Geiter und Uwe Hanke

Kinder! Von Reinhard Kahl (Archiv der Zukunft)

Touch the Sound – a sound journey with Evelyn Glennie. Von Thomas Riedelsheimer

Adressen Instrumentenbau und Audiopädie

Manfred Bleffert
Arbeitsstätte für Klangforschung und Neue Musik
Birkenweg 12
88633 Heiligenberg
www.manfred-bleffert.de

Klangkunst Fassbender
Eisenbahnstr. 6
51545 Waldbröl
0 22 91 – 80 86 51
www.klangkunstfassbender.de

Dagmar Fischer
Werkstatt für Singende Instrumente
Hinter den Zäunen 26
33100 Paderborn (Benhausen)
0 52 52 – 93 96 27

Britta Stolze
Klangbildnerin
Hohlstraße
42555 Velbert
0 25 02 – 830 41

Choroi-Musikinstrumente
Karl-Schubert-Werkstätten
Kurze Str. 31
70794 Filderstadt
www.choroi.de

Holzinstrumente, wie Klanghölzer, Kniehölzer (ungestimmt), hängende Hölzer können auch bestellt werden bei
Stefan Baum
Institut für Waldorfpädagogik
Annener Berg 6
58454 Witten

Adressen verschiedener Leierbauer und Kinderharfenbauer:
www.lyreworld.net

Institut für Audiopädie e.V.
Annener Berg 15
58454 Witten
www.audiopaedie.de

Bildnachweis

Dagmar Fischer: S. 212

Christoph Heidsiek: S. 214

Marion Körner: S. 22, 27, 43, 47, 49, 50, 52, 53, 67, 74, 75, 84, 85, 92, 94, 103, 104, 105, 107, 127, 136, 147, 162, 166, 167, 170, 173, 178, 179, 181, 203, 205, 206, 211, 237

Matthias Spalinger: S. 215, 220 unten

Unbekannt: S. 133, 220 oben

Rebecca Zabel: S. 87, 218

Über die Autorin

Reinhild Brass lebt in Witten/Ruhr. Nach dem Studium der Sonderpädagogik mit Schwerpunkt Musik und einem Wanderstudium an der europaweit arbeitenden «Freien Musik Schule. Kunst – Pädagogik – Therapie» hat sie 1979 die Widar Schule Wattenscheid (Freie Waldorfschule) mitbegründet, an der sie bis 2000 als Musiklehrerin, von 1989 bis 1997 auch als Klassenlehrerin, tätig war. Ein besonderes Anliegen dieser Schule war von vornherein die starke Gewichtung des musikalischen Unterrichts im Sinne einer umfassend veranlagten Hörerziehung. Hier hat Reinhild Brass ihr unkonventionelles Konzept für den Musikunterricht in den Klassen 1 bis 8 entwickelt, in dessen Mittelpunkt Bewegung, Improvisation und verschiedenste neu entwickelte Instrumente stehen.
Seit 2000 ist Reinhild Brass Dozentin am Institut für Waldorfpädagogik in Witten, mit den Schwerpunkten Methodik-Didaktik des Musikunterrichtes der Klassen 1 bis 8 und Stimmbildung. Regelmäßig gibt sie seit 1998 auch in Japan Kurse und hat 2001 in Yokohama eine Fortbildungsstätte für Audiopädie ins Leben gerufen. 2005 hat sie in Witten das Institut für Audiopädie gegründet. Im Zentrum der Arbeit dieses freien Forschungs- und Ausbildungsinstituts stehen die Konzeption einer speziellen Pädagogik und Didaktik des Hörens sowie Schulungsangebote für Menschen aus sozialen, pädagogischen und therapeutischen Berufen.

Gerhard Beilharz

Ein Weg zur Leier

Schule für erwachsene Anfänger

2. Aufl. 2006, 36 Seiten, A4, kartoniert

Gerhard Beilharz / Christiane Kumpf

Übwege mit pentatonischen Choroiflöten

2005, 52 Seiten, A4, kartoniert

Christian Giersch / Martin Tobiassen / Gerhard Beilharz

Klangwege – Hörbilder

Neue Musik für Freunde der Leier

2006, 42 Seiten, A4, kartoniert

Mechthild Laier / Gerhard Beilharz

Kinderharfe spielen

Anregungen für Eltern und Erzieherinnen

2009, 60 Seiten, Broschur

edition zwischentöne

Peter-Michael Riehm

Das Ziel ist der Mensch

Gedanken zur Musik und zur Musikpädagogik

2007, 77 Seiten, Broschur

Peter-Michael Riehm

Der beseelte Klang

Übungswege zu einem organischen Chorsingen

2007, 28 Seiten, A4, kartoniert

Stephan Ronner

Musikpädagogisches Skizzenbuch

Gedanken zu einer entwicklungsrelevanten Musikvermittlung

2004, 117 Seiten, Broschur

Stephan Ronner

Der Wind streicht übers weite Land

Lieder – Bilder – Bewegung, für die beginnende Schulzeit

3., erweiterte Auflage 2005, 48 Seiten, kartoniert